COMENTÁRIOS À LEI MARIA DA PENHA (Lei n. 11.340/2006)

João Paulo Oliveira Dias de Carvalho
Especialista em Direito Público pela
Universidade Federal do Ceará (UFC).
Defensor Público do Estado do Ceará.
Professor da Academia Estadual
de Segurança Pública (AESP-CE).
Acadêmico Honorário da Academia
Cearense de Direito.

COMENTÁRIOS À LEI MARIA DA PENHA (Lei n. 11.340/2006)

editora
Del Rey

Belo Horizonte
2022

Impresso no Brasil | *Printed in Brazil*

EDITORA DEL REY LTDA.
www.livrariadelrey.com.br

Editor: Arnaldo Oliveira

Editor Adjunto: Ricardo A. Malheiros Fiuza (*in memoriam*)

Coordenação Editorial: Letícia Neves

Diagramação: Know-how Editorial

Capa: Alfstudio

Editora:
Rua dos Goitacazes, 71 – Lojas 20 a 24
Centro – Belo Horizonte – MG
CEP 30190-050

Comercial:
Tel.: (31) 3284-3284 / 3293-8233
vendas@editoradelrey.com.br

Editorial:
editorial@editoradelrey.com.br

O48c Oliveira, João Paulo
Comentários à Lei Maria da Penha (Lei n. 11.340/2006)/
João Paulo Oliveira. Belo Horizonte: Del Rey, 2022.

XX + 76p. Bibliografia: p. 73-76.

ISBN: 978-65-00-31585-1

1. Violência contra a mulher. 2. Violência contra a mulher - Legislação. 3. Violência familiar. 4. Violência conjugal - Brasil. I. Título.

CDU: 343.54-055.2(81)

Junio Martins Lourenço – bibliotecário – CRB 6 3167

"A violência contra as mulheres é, talvez, a mais vergonhosa violação dos direitos humanos. Não conhece fronteiras geográficas, culturais ou de riqueza. Enquanto continuar a existir, não podemos dizer que temos um progresso real em direção à igualdade, desenvolvimento e paz."

Kofi Annan

Ex-Secretário-Geral da Organização
das Nações Unidas (ONU).

À minha irmã Sâmia, uma mulher guerreira.

AGRADECIMENTOS

Ao bom Deus e à Sagrada Família, por terem me vestido com a armadura do verdadeiro cristão, o que me possibilitou, apesar das adversidades destes tempos em que se vive a Pandemia do vírus Covid-19, escrever este livro.

À minha esposa Isabelle, pela sólida compreensão diante dos momentos em que estive em imersão para a confecção deste livro, aos meus pais, ao meu filho João Pedro e ao meu sobrinho João Mateus.

Aos meus professores, alunos e estagiários com quem tive o prazer de conviver e aprender.

A todos que, de uma maneira ou de outra, contribuíram, auxiliando-me na construção desta obra.

PREFÁCIO

Em muito boa hora o Defensor Público João Paulo Oliveira Dias de Carvalho oferece à comunidade jurídica a obra *Comentários à Lei Maria da Penha*, importante estímulo à reflexão sobre os princípios que a informam e os seus dispositivos, diploma legal que surgiu na cena jurídica brasileira há exatos 15 (quinze) anos e que teve o condão de inscrever na agenda nacional a momentosa questão da igualdade de gênero e da necessidade imperiosa do combate à violência doméstica e familiar contra a mulher em suas mais variadas formas - violência física, psicológica, patrimonial, sexual e moral.

O autor ostenta sólida formação teórica, a qual alia toda uma larga e rica vivência como defensor público, no trato diário dos temas afetos ao Direito Penal, material e adjetivo, à execução penal, e a sensibilidade de quem partilha os dramas sofridos pelas vítimas, acusados e familiares. Uma coisa e outra se consorciam para emprestar ao trabalho caráter de importante referencial doutrinário sem que as abstrações e as teorizações, próprias de um trabalho científico, afastem o leitor do chão duro e frio das realidades cotidianas.

Além de convidar e fomentar ao estudo e ao debate sobre a Lei Maria da Penha, hoje referência mundial de legislação de proteção à mulher e norte de orientação das políticas públicas nacionais de promoção da condição da mulher, o autor, despindo-se de qualquer arrogância intelectual, admite, sem desconhecer, todavia, a sua importância, as insuficiências do Direito legislado como fator de elevação da condição da mulher, atribuindo à educação e ao amadurecimento da sociedade os papéis de maior protagonismo na luta permanente pela afirmação dos direitos femininos.

Lado outro, como bom operador do Direito, tomado da preocupação de se dotar, sempre e cada vez mais de pronta efetividade, as medidas de proteção à mulher, chama a atenção do leitor, com apoio na melhor doutrina, para as inovações legislativas introduzidas pela Lei n. 12.403/2011, que deu nova redação ao artigo 313 do Código de Processo Penal, para ensejar a possibilidade de decretação de prisão preventiva em caso de descumprimento de medidas protetivas deferidas em prol da mulher.

Na mesma senda, tendo sempre em mente a proteção da mulher vítima de violência, alude ainda à norma incriminadora insculpida no artigo 24-A da Lei n. 11.343/2006, em que encontra previsão penalmente típica a conduta daquele que descumpre as medidas protetivas que lhe foram impostas, passando o autor então ao estudo das elementares que integram o tipo penal, atento ao princípio da legalidade estrita. Alerta para o fato de que o valor que se tutela por meio da norma é, em verdade, para além dos lídimos interesses da vítima, o prestígio da administração da Justiça e a autoridade de seus éditos.

Ao fazer o estudo, artigo por artigo, da Lei Maria da Penha e de sua interface com a normativa internacional, a exemplo da Convenção Interamericana para Prevenir, Punir e Erradicar a Violência contra a Mulher ("Convenção de Belém do Pará"), com a Constituição Federal, com o ordenamento jurídico-penal e processual penal e outros textos legislativos esparsos, o autor logra construir, num extraordinário e vitorioso esforço de condensação, uma ferramenta importante para emprego cotidiano, que logo se tornará obra de consulta e manuseio obrigatório por parte de tantos quantos operam com o tema tão sensível da violência de gênero, sejam eles magistrados, membros do Ministério Público, defensores públicos e advogados.

O autor se detém ainda na elaboração de quadros sinóticos, nos quais os temas de maior relevância são sintetizados e sistematizados, recurso de que lança mão para facilitar, e o consegue com maestria, a compreensão dos conteúdos esposados.

Nestes tempos em que a violência de gênero assume proporções obscenas em nosso País, imersos todos em uma sociedade na qual prevalecem valores próprios de uma cultura machista, patriarcal e patrimonialista, o jurista João Paulo Oliveira Dias de Carvalho, um dos mais brilhantes defensores públicos de sua geração, traz à lume obra que certamente servirá de bússola e guia para os que, na sua lida diária, pugnam pela proteção dos direitos femininos e cerram fileiras no enfrentamento da violência de gênero, na busca permanente de igualdade, fraternidade e justiça.

Uma boa notícia na cena jurídica do Estado.

Hélio Leitão
Conselheiro Federal.
Presidente da Comissão Nacional
de Direitos Humanos da OAB.
Ex-Presidente da Seção OAB-CE
nos triênios 2004-2006 e 2007-2009.

APRESENTAÇÃO

O Defensor Público e acadêmico João Paulo Oliveira Dias de Carvalho é graduado em Direito pela Universidade de Fortaleza (Unifor), especialista em Direito Público pela Universidade Federal do Ceará (UFC) e Defensor Público do Estado do Ceará desde 2010, onde atuou em diversos órgãos da Defensoria Pública, dentre eles na Defensoria do Juizado da Violência Doméstica e Familiar contra a Mulher de Fortaleza - CE (defesa dos direitos da vítima).

Como escritor é autor das obras *Manual de prática forense penal*, 2ª edição, pela Editora JH Mizuno; *Da inaplicabilidade da justificação judicial como processo cautelar*, 1ª edição, pela Editora DIN. *Guia prático das ações* também pela Editora JH Mizuno. Possui vários artigos publicados em revistas especializadas e em periódicos de grande circulação o que atesta sua nítida vocação para a cátedra a serviço da especialidade prática e acadêmica no ensino da docência e na sua atividade como defensor público.

Esta obra nasceu da sensibilidade de sua atuação funcional junto ao Juizado da Violência Doméstica e Familiar contra a Mulher de Fortaleza, decorrência da experiência adquirida no desempenho do *munus* defensorial junto à população mais carente, hipossuficiente, em especial no que tange aos casos que tratam as situações amparadas pela Lei Maria da Penha.

O desafio da Defensoria Pública é garantir o respeito e a efetividade dos direitos humanos da população necessitada, perseguindo esse ideal não apenas nas instâncias judiciárias ordinárias e extraordinárias, conforme disposto na Carta Magna, mas, ainda, como órgão estatal e autônomo, atuando como verdadeiro garante da cidadania e dos direitos fundamentais, incumbido que é da elevada missão de prestar assistência jurídica integral e gratuita aos necessitados.

Esta obra representa uma valiosa colaboração para o desenvolvimento e a aplicabilidade de atuação prática pelos operadores do Direito da Lei Maria da Penha, que se encontra listada pela Organização das Nações Unidas (ONU) como a terceira melhor legislação do gênero no mundo no que respeita o combate à violência doméstica de destacar sua definição quanto aos cinco tipos de violência doméstica: *física, psicológica, patrimonial, moral e sexual.*

O autor nos dá uma clara e expositiva visão do importante papel da Lei Maria da Penha, como mecanismo de defesa, proteção e promoção dos direitos da mulher em diversas áreas do Direito, e da Defensoria Pública a todas as mulheres em situação de violência doméstica e familiar conforme previsto pelo legislador no art. 28 da Lei Maria da Penha

Apesar dos quase 15 (quinze) anos de sua promulgação, muito ainda deve ser construído para que haja igualdade material entre homens e mulheres. Os números demonstram que a violência doméstica é um fenômeno social cruelmente real em nossa sociedade, e infelizmente o feminicídio é a maior expressão da violência contra a mulher, o que geralmente se dá como consequência da recorrente violência doméstica sofrida e não coibida eficazmente.

Desde o ano de 2019, houve muitas alterações no texto legal e em especial uma há que assegurou e tornou-se atividade essencial durante a Pandemia da Covid-19: o atendimento a mulheres, crianças, adolescentes, pessoas idosas e pessoas com deficiência em situação de violência doméstica e familiar.

A grande importância dessa modificação pode ser encontrada no alargamento do espectro de proteção dos assistidos pela norma legal, pois, além das mulheres, a Lei também protege crianças, adolescentes, idosos e pessoas com deficiência, dada sua condição de pessoas mais vulneráveis no período de pandemia no mundo e no Brasil.

A atualização das leis e das normas é o reconhecimento cabal das desigualdades e assimetrias nas relações entre homens e mulheres na sociedade brasileira, sejam elas interpessoais ou institucionais. Mas será que esse reconhecimento é suficiente para produzir resultados na realidade fática, promovendo um tratamento mais isonômico e equalizando as relações de poder entre os gêneros?

As estatísticas mostram que estamos muito distantes da agenda dos direitos das mulheres para o século XXI. O Brasil tem números alarmantes em relação à violência de gênero, cujos estudos afirmam que 42% dessas agressões acontecem dentro de casa, e 52% das mulheres não denunciam a violência.

As mudanças legislativas e normativas não são suficientes para transformar positivamente a sociedade. A discriminação e o preconceito contra a mulher ainda existem e vão continuar a existir até que a cultura e os valores sociais sejam transformados. O fetiche causado pela força do Direito construiu na sociedade brasileira a ideia de que a normatização pode resolver qualquer problema.

Entretanto, a desigualdade nas relações entre homens e mulheres é estrutural na sociedade e passa por questões culturais, educacionais e econômicas, que podem ser observadas nas relações familiares, no trabalho e nas ruas cotidianamente. Mais do que mudar o Direito, é preciso transformar a cultura e os valores de cada indivíduo, sejam homens ou mulheres.

O livro que o autor agora publica representa uma grande contribuição para o conhecimento e a ampla compreensão do importante papel da Lei Maria da Penha para o ordenamento jurídico brasileiro como forma de garantia dos direitos das mulheres em nossa sociedade. A Lei normatizou mecanismos que visam a coibir e prevenir a violência doméstica e familiar contra a mulher, estabelecendo medidas de assistência, atendimento e proteção, assim como aponta a importância e a compreensão da violência de gênero como resultado das desigualdades socialmente construídas.

Christiane Leitão
Presidente da Comissão da Mulher Advogada da OAB/CE.
Vice-Presidente do Conselho Estadual
dos Direitos da Mulher do Estado do Ceará.
Ex-Secretária Geral da Seção OAB-CE.

SUMÁRIO

INTRODUÇÃO

A Lei n. 11.340/2006, intitulada Lei Maria da Penha, é norma que veio para regulamentar a igualdade de gêneros. Portanto, no seu arcabouço há diversas ações afirmativas cujo desiderato é a concretização dessa isonomia, merecendo registro o fato de que ela em si mesma é uma ação afirmativa.

Essa Lei tem imensa importância para o povo brasileiro no que diz respeito aos âmbitos jurídico, social e psicológico, haja vista que seus preceitos normativos conduzem a uma correção histórica de subjugação do gênero feminino.

Assim, a Lei Maria da Penha trouxe regras para coibir maciçamente a violência doméstica e familiar contra a mulher e, também, para transformar a mentalidade dos envolvidos nesse tipo de violência.

Essa mudança de mentalidade passa pelo caminho da educação social, desaguando no enxergar da abusividade das relações afetivas, no conhecimento de direitos e dos meios de acesso à Justiça, enfim, no entender de que existe um piso de respeito entre aqueles que possuem relações de afeto e domésticas nos termos da Lei n. 11.340/2006.

Assim, vê-se a grandeza do espírito da Lei n. 11.340/2006, que acaba de completar quinze anos de existência: a realização de um importantíssimo papel de metamorfose dos valores da sociedade brasileira.

Lei n. 11.340, de 7 de agosto de 2006

Cria mecanismos para coibir a violência doméstica e familiar contra a mulher, nos termos do § 8º do art. 226 da Constituição Federal, da Convenção sobre a Eliminação de Todas as Formas de Discriminação contra as Mulheres e da Convenção Interamericana para Prevenir, Punir e Erradicar a Violência contra a Mulher; dispõe sobre a criação dos Juizados de Violência Doméstica e Familiar contra a Mulher; altera o Código de Processo Penal, o Código Penal e a Lei de Execução Penal; e dá outras providências.

O PRESIDENTE DA REPÚBLICA Faço saber que o Congresso Nacional decreta, e eu sanciono a seguinte Lei:

TÍTULO I – DISPOSIÇÕES PRELIMINARES

Art. 1º Esta Lei cria mecanismos para coibir e prevenir a violência doméstica e familiar contra a mulher, nos termos do **§ 8º do art. 226 da Constituição Federal,** da Convenção sobre a Eliminação de Todas as Formas de Violência contra a Mulher, da Convenção Interamericana para Prevenir, Punir e Erradicar a Violência contra a Mulher e de outros tratados internacionais ratificados pela República Federativa do Brasil; dispõe sobre a criação dos Juizados de Violência Doméstica e Familiar contra a Mulher; e estabelece medidas de assistência e proteção às mulheres em situação de violência doméstica e familiar.

Art. 2º Toda mulher, independentemente de classe, raça, etnia, orientação sexual, renda, cultura, nível educacional, idade e religião, goza dos direitos fundamentais inerentes à pessoa humana, sendo-lhe asseguradas as oportunidades e facilidades para viver sem violência, preservar sua saúde física e mental e seu aperfeiçoamento moral, intelectual e social.

Art. 3º Serão asseguradas às mulheres as condições para o exercício efetivo dos direitos à vida, à segurança, à saúde, à alimentação, à educação, à cultura, à moradia, ao acesso à justiça, ao esporte, ao lazer, ao trabalho, à cidadania, à liberdade, à dignidade, ao respeito e à convivência familiar e comunitária.

§ 1º O poder público desenvolverá políticas que visem garantir os direitos humanos das mulheres no âmbito das relações domésticas e familiares no sentido de resguardá-las de toda forma de negligência, discriminação, exploração, violência, crueldade e opressão.

> § 2º Cabe à família, à sociedade e ao poder público criar as condições necessárias para o efetivo exercício dos direitos enunciados no *caput.*
>
> **Art. 4º** Na interpretação desta Lei, serão considerados os fins sociais a que ela se destina e, especialmente, as condições peculiares das mulheres em situação de violência doméstica e familiar. (Destaque nosso.)

A Lei n. 11.340/2006, intitulada Lei Maria da Penha, é norma que veio para regulamentar a igualdade de gêneros. Portanto, seu arcabouço contém diversas ações afirmativas que possuem como desiderato a concretização dessa isonomia.

Essa Lei tem imensa importância para o povo brasileiro no que diz respeito aos âmbitos jurídico, social e psicológico, haja vista que seus preceitos normativos conduzem a uma correção histórica advinda de resquícios do patriarcado e da subjugação do gênero feminino.

Assim, a Lei Maria da Penha trouxe regras para coibir maciçamente a violência doméstica e familiar e para transformar a mentalidade das mulheres e dos homens envolvidos em violência doméstica e familiar, haja vista que ela possui também caráter preventivo, assistencial e pedagógico. Portanto, essa Lei veio para regulamentar as diretrizes normativas contidas no art. 226, parágrafo 8º, da Constituição Federal de 1988, na Convenção Interamericana para Prevenir, Punir e Erradicar a Violência contra a Mulher (Convenção de Belém do Pará) e em outros tratados internacionais ratificados pela República Federativa do Brasil (art. 1º da Lei n. 11.340/2006).

Por sua vez, no art. 2º da Lei n. 11.340/2006, de maneira emblemática, o legislador traduz o princípio da dignidade humana (art.º, III, da CF/88) para o âmbito da violência doméstica e familiar.

No art. 3º, encontra-se a garantia do legislador de que às mulheres serão asseguradas as condições para que exercitem seus direitos fundamentais no âmbito das relações domésticas e familiares.

Já no art. 4º, o legislador revela norma derivada da contida no art. 5º da Lei de Introdução às Normas do Direito Brasileiro (Decreto-Lei n. 4.657/1942), espelhando, portanto, importante vetor hermenêutico para a devida interpretação da Lei n. 11.340/2006.

TÍTULO II – DA VIOLÊNCIA DOMÉSTICA E FAMILIAR CONTRA A MULHER

CAPÍTULO I
DISPOSIÇÕES GERAIS

Art. 5º Para os efeitos desta Lei, configura violência doméstica e familiar contra a mulher qualquer ação ou omissão baseada no gênero que lhe cause morte, lesão, sofrimento físico, sexual ou psicológico e dano moral ou patrimonial:

I – no âmbito da unidade doméstica, compreendida como o espaço de convívio permanente de pessoas, com ou sem vínculo familiar, inclusive as esporadicamente agregadas;

II – no âmbito da família, compreendida como a comunidade formada por indivíduos que são ou se consideram aparentados, unidos por laços naturais, por afinidade ou por vontade expressa;

III – em qualquer relação íntima de afeto, na qual o agressor conviva ou tenha convivido com a ofendida, independentemente de coabitação.

Parágrafo único. As relações pessoais enunciadas neste artigo independem de orientação sexual.

Art. 6º A violência doméstica e familiar contra a mulher constitui uma das formas de violação dos direitos humanos.

Analisando o art. 5º da Lei n. 11.340/2006, observa-se que a mudança de mentalidade da sociedade rumo ao resguardo da mulher passa necessariamente pelo caminho da educação social, desaguando no enxergar da abusividade das relações afetivas, no conhecer de direitos e meios de acesso à Justiça, enfim, no entender de que existe um piso de respeito entre aqueles que possuem relações familiares, de afeto e domésticas.

No art. 6º, por sua vez, o legislador, ao informar que a violência doméstica e familiar contra a mulher configura um dos tipos de violação dos direitos humanos, normatiza, interna e expressamente, aspecto axiológico contido no preâmbulo da Convenção de Belém do Pará, fato que revela a estreita ligação dessas normas.

CAPÍTULO II
DAS FORMAS DE VIOLÊNCIA DOMÉSTICA E FAMILIAR CONTRA A MULHER

Art. 7º São formas de violência doméstica e familiar contra a mulher, entre outras:

I – a violência física, entendida como qualquer conduta que ofenda sua integridade ou saúde corporal;

II – a violência psicológica, entendida como qualquer conduta que lhe cause dano emocional e diminuição da autoestima ou que lhe prejudique e perturbe o pleno desenvolvimento ou que vise degradar ou controlar suas ações, comportamentos, crenças e decisões, mediante ameaça, constrangimento, humilhação, manipulação, isolamento, vigilância constante, perseguição contumaz, insulto, chantagem, violação de sua intimidade, ridicularização, exploração e limitação do direito de ir e vir ou qualquer outro meio que lhe cause prejuízo à saúde psicológica e à autodeterminação;

III – a violência sexual, entendida como qualquer conduta que a constranja a presenciar, a manter ou a participar de relação sexual não desejada, mediante intimidação, ameaça, coação ou uso da força; que a induza a comercializar ou a utilizar, de qualquer modo, a sua sexualidade, que a impeça de usar qualquer método contraceptivo ou que a force ao matrimônio, à gravidez, ao aborto ou à prostituição, mediante coação, chantagem, suborno ou manipulação; ou que limite ou anule o exercício de seus direitos sexuais e reprodutivos;

> IV – a violência patrimonial, entendida como qualquer conduta que configure retenção, subtração, destruição parcial ou total de seus objetos, instrumentos de trabalho, documentos pessoais, bens, valores e direitos ou recursos econômicos, incluindo os destinados a satisfazer suas necessidades;
>
> V – a violência moral, entendida como qualquer conduta que configure calúnia, difamação ou injúria.

No inciso I deste artigo o legislador enuncia uma primeira forma de violência, a física, conceituando-a como aquela que deixa vestígios, própria das infrações penais não transeuntes, as quais são possíveis de ser demonstradas por exame de corpo de delito (perícia médica) se este for realizado em tempo hábil.

Por sua vez, no inciso II, o legislador cuida da violência psicológica, definindo-a como "qualquer conduta que lhe cause dano emocional e diminuição da autoestima ou que lhe prejudique e perturbe o pleno desenvolvimento ou que vise degradar ou controlar suas ações, comportamentos, crenças e decisões, mediante ameaça, constrangimento, humilhação, manipulação, isolamento, vigilância constante, perseguição contumaz, insulto, chantagem, violação de sua intimidade, ridicularização, exploração e limitação do direito de ir e vir ou qualquer outro meio que lhe cause prejuízo à saúde psicológica e à autodeterminação".

Esse tipo de violência possui maior dificuldade de ser demonstrado, pois é uma ofensa transeunte, que não deixa vestígios. Em outras palavras, cometer violência doméstica psicológica contra a mulher não produz resultado naturalístico.

São exemplos dessa modalidade de violência: abuso mental consistente em distorção de fatos, deixando a vítima em dúvida acerca de sua sanidade mental; cometimento de atos de humilhação contra a vítima, com menosprezo pela sua pessoa, por exemplo.

No inciso III, o legislador tratou da violência sexual, salientado que ela é entendida como "qualquer conduta que a constranja a presenciar, a manter ou a participar de relação sexual não desejada, mediante intimidação, ameaça, coação ou uso da força; que a induza a comercializar ou a utilizar, de qualquer modo, a sua sexualidade, que a impeça de usar qualquer método contraceptivo ou que a force ao matrimônio, à gravidez, ao aborto ou à prostituição, mediante coação, chantagem, suborno ou manipulação; ou que limite ou anule o exercício de seus direitos sexuais e reprodutivos".

Esse tipo de violência consiste no fato de o agressor forçar a vítima a se comportar sexualmente de uma forma não desejada por ela, seja de maneira ativa, seja de forma passiva. Além disso, consiste, também, no fato de o agressor induzir a vítima a se prostituir e impedi-la de utilizar contraceptivos de qualquer ordem, bem como forçá-la ao matrimônio, à gravidez (por métodos artificiais, inclusive), ao aborto, à prostituição, mediante coação, chantagem, suborno ou manipulação ou, ainda, limitar ou anular o exercício dos direitos sexuais e reprodutivos dela.

Já no inciso IV, o legislador expõe a violência patrimonial, definindo-a como "qualquer conduta que configure retenção, subtração, destruição parcial ou total de seus objetos, instrumentos de trabalho, documentos pessoais, bens, valores e direitos ou recursos econômicos, incluindo os destinados a satisfazer suas necessidades".

São exemplos dessa modalidade: quebra de objetos pessoais da mulher/companheira, pelo marido/companheiro; destruição de livros necessários ao trabalho da mulher/companheira (instrumentos de trabalho) pelo marido/companheiro.

Por fim no inciso V, o legislador traz a violência moral como uma quinta espécie de violência doméstica em desfavor da mulher, conceituando-a como qualquer conduta que configure difamação, calúnia e injúria.

Esse tipo de violência é representado pelos crimes contra a honra, os quais estão tipificados nos arts. 138, 139 e 140 do Código Penal: calúnia, difamação e injúria.

Nos dois primeiros delitos, o objeto jurídico tutelado é a honra objetiva da vítima. Já no último o que se protege é sua honra subjetiva.

TÍTULO III – DA ASSISTÊNCIA À MULHER EM SITUAÇÃO DE VIOLÊNCIA DOMÉSTICA E FAMILIAR

CAPÍTULO I
DAS MEDIDAS INTEGRADAS DE PREVENÇÃO

Art. 8º A política pública que visa coibir a violência doméstica e familiar contra a mulher far-se-á por meio de um conjunto articulado de ações da União, dos Estados, do Distrito Federal e dos Municípios e de ações não-governamentais (sic), tendo por diretrizes:

I – a integração operacional do Poder Judiciário, do Ministério Público e da Defensoria Pública com as áreas de segurança pública, assistência social, saúde, educação, trabalho e habitação;

II – a promoção de estudos e pesquisas, estatísticas e outras informações relevantes, com a perspectiva de gênero e de raça ou etnia, concernentes às causas, às conseqüências (sic) e à freqüência (sic) da violência doméstica e familiar contra a mulher, para a sistematização de dados, a serem unificados nacionalmente, e a avaliação periódica dos resultados das medidas adotadas;

III – o respeito, nos meios de comunicação social, dos valores éticos e sociais da pessoa e da família, de forma a coibir os papéis estereotipados que legitimem ou exacerbem a violência doméstica e familiar, de acordo com o estabelecido **no inciso III do art. 1º, no inciso IV do art. 3º e no inciso IV do art. 221 da Constituição Federal;**

IV – a implementação de atendimento policial especializado para as mulheres, em particular nas Delegacias de Atendimento à Mulher;

V – a promoção e a realização de campanhas educativas de prevenção da violência doméstica e familiar contra a mulher, voltadas ao público escolar e à sociedade em geral, e a difusão desta Lei e dos instrumentos de proteção aos direitos humanos das mulheres;

VI – a celebração de convênios, protocolos, ajustes, termos ou outros instrumentos de promoção de parceria entre órgãos governamentais ou entre estes e entidades não-governamentais (sic), tendo por objetivo a implementação de programas de erradicação da violência doméstica e familiar contra a mulher;

VII – a capacitação permanente das Polícias Civil e Militar, da Guarda Municipal, do Corpo de Bombeiros e dos profissionais pertencentes aos órgãos e às áreas enunciados no inciso I quanto às questões de gênero e de raça ou etnia;

VIII – a promoção de programas educacionais que disseminem valores éticos de irrestrito respeito à dignidade da pessoa humana com a perspectiva de gênero e de raça ou etnia;

IX – o destaque, nos currículos escolares de todos os níveis de ensino, para os conteúdos relativos aos direitos humanos, à eqüidade (sic) de gênero e de raça ou etnia e ao problema da violência doméstica e familiar contra a mulher. (Destaques nossos.)

Nesse artigo, o legislador traça um panorama geral acerca da política pública incumbida de coibir a violência doméstica e familiar contra a mulher e enuncia diretrizes para o cumprimento disso por intermédio de ações sistêmicas dos entes federativos e das entidades não governamentais.

CAPÍTULO II
DA ASSISTÊNCIA À MULHER EM SITUAÇÃO DE VIOLÊNCIA DOMÉSTICA E FAMILIAR

Art. 9º A assistência à mulher em situação de violência doméstica e familiar será prestada de forma articulada e conforme os princípios e as diretrizes previstos na Lei Orgânica da Assistência Social, no Sistema Único de Saúde, no Sistema Único de Segurança Pública, entre outras normas e políticas públicas de proteção, e emergencialmente quando for o caso.

§ 1º O juiz determinará, por prazo certo, a inclusão da mulher em situação de violência doméstica e familiar no cadastro de programas assistenciais do governo federal, estadual e municipal.

§ 2º O juiz assegurará à mulher em situação de violência doméstica e familiar, para preservar sua integridade física e psicológica:

I – acesso prioritário à remoção quando servidora pública, integrante da administração direta ou indireta;

II – manutenção do vínculo trabalhista, quando necessário o afastamento do local de trabalho, por até seis meses;

III – encaminhamento à assistência judiciária, quando for o caso, inclusive para eventual ajuizamento da ação de separação judicial, de divórcio, de anulação de casamento ou de dissolução de união estável perante o juízo competente.

§ 3º A assistência à mulher em situação de violência doméstica e familiar compreenderá o acesso aos benefícios decorrentes do desenvolvimento científico e tecnológico, incluindo os serviços de contracepção de emergência, a profilaxia das Doenças Sexualmente Transmissíveis (DST) e da Síndrome da Imunodeficiência Adquirida (AIDS) e outros procedimentos médicos necessários e cabíveis nos casos de violência sexual.

§ 4º Aquele que, por ação ou omissão, causar lesão, violência física, sexual ou psicológica e dano moral ou patrimonial a mulher fica obrigado a ressarcir todos os danos causados, inclusive ressarcir ao Sistema Único de Saúde (SUS), de acordo com a tabela SUS, os custos relativos aos serviços de saúde prestados para o total tratamento das vítimas em situação de violência doméstica e familiar, recolhidos os recursos assim arrecadados ao Fundo de Saúde do ente federado responsável pelas unidades de saúde que prestarem os serviços.

§ 5º Os dispositivos de segurança destinados ao uso em caso de perigo iminente e disponibilizados para o monitoramento das vítimas de violência doméstica ou familiar amparadas por medidas protetivas terão seus custos ressarcidos pelo agressor.

§ 6º O ressarcimento de que tratam os §§ 4º e 5º deste artigo não poderá importar ônus de qualquer natureza ao patrimônio da mulher e dos seus dependentes, nem configurar atenuante ou ensejar possibilidade de substituição da pena aplicada.

§ 7º A mulher em situação de violência doméstica e familiar tem prioridade para matricular seus dependentes em instituição de educação básica mais próxima de seu domicílio, ou transferi-los para essa instituição, mediante a apresentação dos documentos comprobatórios do registro da ocorrência policial ou do processo de violência doméstica e familiar em curso.

§ 8º Serão sigilosos os dados da ofendida e de seus dependentes matriculados ou transferidos conforme o disposto no § 7º deste artigo, e o acesso às informações será reservado ao juiz, ao Ministério Público e aos órgãos competentes do poder público.

No art. 9º, o legislador regulamenta o direito da mulher vítima de violência familiar e doméstica à assistência social, à saúde e à segurança pública, incluindo-lhe amparo, inclusive, nas suas relações laborais, sejam com vínculo público ou privado, conforme disposto no parágrafos 1º e 2º do dispositivo legal.

CAPÍTULO III
DO ATENDIMENTO PELA AUTORIDADE POLICIAL

Art. 10. Na hipótese da iminência ou da prática de violência doméstica e familiar contra a mulher, a autoridade policial que tomar conhecimento da ocorrência adotará, de imediato, as providências legais cabíveis.

Parágrafo único. Aplica-se o disposto no *caput* deste artigo ao descumprimento de medida protetiva de urgência deferida.

O atendimento à vítima de violência doméstica e familiar pela autoridade policial deve seguir à risca as linhas do art. 6º do Código de Processo Penal juntamente com o disposto no parágrafo 1º do art. 10 da Lei n. 11.340/2006.

> **Art. 10-A.** É direito da mulher em situação de violência doméstica e familiar o atendimento policial e pericial especializado, ininterrupto e prestado por servidores – preferencialmente do sexo feminino – previamente capacitados.
>
> § 1º A inquirição de mulher em situação de violência doméstica e familiar ou de testemunha de violência doméstica, quando se tratar de crime contra a mulher, obedecerá às seguintes diretrizes:
>
> I – salvaguarda da integridade física, psíquica e emocional da depoente, considerada a sua condição peculiar de pessoa em situação de violência doméstica e familiar;
>
> II – garantia de que, em nenhuma hipótese, a mulher em situação de violência doméstica e familiar, familiares e testemunhas terão contato direto com investigados ou suspeitos e pessoas a eles relacionadas;
>
> III – não revitimização da depoente, evitando sucessivas inquirições sobre o mesmo fato nos âmbitos criminal, cível e administrativo, bem como questionamentos sobre a vida privada.
>
> § 2º Na inquirição de mulher em situação de violência doméstica e familiar ou de testemunha de delitos de que trata esta Lei, adotar-se-á, preferencialmente, o seguinte procedimento:
>
> I – a inquirição será feita em recinto especialmente projetado para esse fim, o qual conterá os equipamentos próprios e adequados à idade da mulher em situação de violência doméstica e familiar ou testemunha e ao tipo e à gravidade da violência sofrida;
>
> II – quando for o caso, a inquirição será intermediada por profissional especializado em violência doméstica e familiar designado pela autoridade judiciária ou policial;

III – o depoimento será registrado em meio eletrônico ou magnético, devendo a degravação e a mídia integrar o inquérito.

A vítima de violência doméstica e familiar, nos termos desse artigo, tem direito ao atendimento policial e pericial especializado para a apuração das infrações penais regidas pela Lei Maria da Penha. Assim, faz-se necessário que as mulheres vitimadas sejam atendidas em repartição policial específica para o combate ao tipo de infração e, preferencialmente, por servidores do sexo feminino, previamente capacitados.

Portanto, nada adianta o atendimento de uma vítima por um servidor do sexo feminino não capacitado, porque ele se iguala ao servidor do sexo masculino que igualmente não tenha recebido a capacitação pertinente.

Apesar do que consta no caput do art. 10 da Lei Maria da Penha, acreditamos que o que faz a diferença no atendimento à vítima de violência doméstica e familiar é a capacitação dada ao servidor, haja vista que, a nosso ver, se se enveredar por caminho que não seja esse, poder-se-á incidir em clara inconstitucionalidade por violação cristalina do princípio da isonomia, previsto no art. 5º, caput, da Constituição Federal de 1988.

No parágrafo 1º do art. 10, o legislador especifica o tratamento a ser dado à mulher vítima de violência doméstica e familiar, bem como os atos da persecução penal na fase investigatória policial devem ser realizados.

No parágrafo 2º do art., o legislador especifica o tratamento a ser dado às testemunhas das infrações penais que culminem violência doméstica e familiar, bem como os atos da persecução penal na fase investigatória policial devem ser realizados.

Art. 11. No atendimento à mulher em situação de violência doméstica e familiar, a autoridade policial deverá, entre outras providências:

> I – garantir proteção policial, quando necessário, comunicando de imediato ao Ministério Público e ao Poder Judiciário;
>
> II – encaminhar a ofendida ao hospital ou posto de saúde e ao Instituto Médico Legal;
>
> III – fornecer transporte para a ofendida e seus dependentes para abrigo ou local seguro, quando houver risco de vida;
>
> IV – se necessário, acompanhar a ofendida para assegurar a retirada de seus pertences do local da ocorrência ou do domicílio familiar;
>
> V – informar à ofendida os direitos a ela conferidos nesta Lei e os serviços disponíveis, inclusive os de assistência judiciária, para o eventual ajuizamento perante o juízo competente da ação de separação judicial, de divórcio, de anulação de casamento ou de dissolução de união estável.

Nesse artigo, o legislador especifica o tratamento a ser dado às testemunhas das infrações penais que culminem em violência doméstica e familiar, bem como os atos da persecução penal na fase investigatória policial devem ser realizados.

> **Art. 12.** Em todos os casos de violência doméstica e familiar contra a mulher, feito o registro da ocorrência, deverá a autoridade policial adotar, de imediato, os seguintes procedimentos, sem prejuízo daqueles previstos no Código de Processo Penal:
>
> I – ouvir a ofendida, lavrar o boletim de ocorrência e tomar a representação a termo, se apresentada;
>
> II – colher todas as provas que servirem para o esclarecimento do fato e de suas circunstâncias;
>
> III – remeter, no prazo de 48 (quarenta e oito) horas, expediente apartado ao juiz com o pedido da ofendida, para a concessão de medidas protetivas de urgência;
>
> IV – determinar que se proceda ao exame de corpo de delito da ofendida e requisitar outros exames periciais necessários;
>
> V – ouvir o agressor e as testemunhas;

VI – ordenar a identificação do agressor e fazer juntar aos autos sua folha de antecedentes criminais, indicando a existência de mandado de prisão ou registro de outras ocorrências policiais contra ele;

VI-A – verificar se o agressor possui registro de porte ou posse de arma de fogo e, na hipótese de existência, juntar aos autos essa informação, bem como notificar a ocorrência à instituição responsável pela concessão do registro ou da emissão do porte, nos termos da **Lei n. 10.826, de 22 de dezembro de 2003 (Estatuto do Desarmamento)**;

VII – remeter, no prazo legal, os autos do inquérito policial ao juiz e ao Ministério Público.

§ 1º O pedido da ofendida será tomado a termo pela autoridade policial e deverá conter:

I – qualificação da ofendida e do agressor;

II – nome e idade dos dependentes;

III – descrição sucinta do fato e das medidas protetivas solicitadas pela ofendida;

IV – informação sobre a condição de a ofendida ser pessoa com deficiência e se da violência sofrida resultou deficiência ou agravamento de deficiência preexistente.

§ 2º A autoridade policial deverá anexar ao documento referido no § 1º o boletim de ocorrência e cópia de todos os documentos disponíveis em posse da ofendida.

§ 3º Serão admitidos como meios de prova os laudos ou prontuários médicos fornecidos por hospitais e postos de saúde.

Art. 12-A. Os Estados e o Distrito Federal, na formulação de suas políticas e planos de atendimento à mulher em situação de violência doméstica e familiar, darão prioridade, no âmbito da Polícia Civil, à criação de Delegacias Especializadas de Atendimento à Mulher (DEAMs), de Núcleos Investigativos de Feminicídio e de equipes especializadas para o atendimento e a investigação das violências graves contra a mulher.

Art. 12-B. (VETADO).

§ 1º (VETADO).

> § 2º (VETADO).
>
> § 3º A autoridade policial poderá requisitar os serviços públicos necessários à defesa da mulher em situação de violência doméstica e familiar e de seus dependentes.
>
> **Art. 12-C.** Verificada a existência de risco atual ou iminente à vida ou à integridade física ou psicológica da mulher em situação de violência doméstica e familiar, ou de seus dependentes, o agressor será imediatamente afastado do lar, domicílio ou local de convivência com a ofendida:
>
> I – pela autoridade judicial;
>
> **II – pelo delegado de polícia, quando o Município não for sede de comarca; ou**
>
> III – pelo policial, quando o Município não for sede de comarca e não houver delegado disponível no momento da denúncia.
>
> § 1º Nas hipóteses dos incisos II e III do *caput* deste artigo, o juiz será comunicado no prazo máximo de 24 (vinte e quatro) horas e decidirá, em igual prazo, sobre a manutenção ou a revogação da medida aplicada, devendo dar ciência ao Ministério Público concomitantemente.
>
> § 2º Nos casos de risco à integridade física da ofendida ou à efetividade da medida protetiva de urgência, não será concedida liberdade provisória ao preso. (Destaques nosso)

No art. 12, o legislador informa o procedimento que a autoridade policial deve seguir nos casos de violência doméstica e familiar contra a mulher após a feitura do registro da ocorrência.

Merece destaque o conteúdo do inciso III desse artigo, no qual o legislador enuncia a hipótese de *jus postulandi*, que possibilita a realização do pedido de medidas protetivas de urgência pela própria parte, no caso, a ofendida, sem o intermédio de profissional que possua capacidade postulatória.

Por sua vez, no art. 12-A, o legislador traz a obrigação legal imposta aos Estados-Membros e ao Distrito Federal para que possibilitem a criação de equipamentos que objetivem dar concretude aos princípios e às regras oriundos dos preceitos da Lei Maria da Penha.

Já no parágrafo 3º do art. 12-B, o legislador trata do poder de requisição de serviços públicos pela autoridade policial para a proteção da mulher em situação de violência doméstica e familiar.

Nos incisos do art. 12-C, o legislador lista os legitimados que podem afastar imediatamente o agressor do lar, domicílio ou local de convivência com a ofendida quando houver a existência de risco atual ou iminente à vida ou à integridade física ou psicológica da mulher em situação de violência doméstica e familiar ou de seus dependentes.

No parágrafo 1º desse artigo, o legislador trata da comunicação ao juiz da medida protetiva de urgência de afastamento do lar, bem como da sua análise com arrimo na cláusula *rebus sic standibus.*

Já no parágrafo 2º do art. 12-C, o legislador ressalta que, nos casos de risco à integridade física da ofendida ou à efetividade da medida protetiva de urgência, não será concedida liberdade provisória ao preso. Assim, o preceito normativo etiquetado nesse dispositivo nada adiciona ao disposto no art. 312 do Código de Processo Penal, porque, se o agressor está preso e sua soltura é um risco à integridade física da ofendida ou à efetividade da medida, seria mesmo o caso de manter sua prisão cautelar para a garantia da ordem pública ou por conveniência da instrução processual.

TÍTULO IV – DOS PROCEDIMENTOS

CAPÍTULO I
DISPOSIÇÕES GERAIS

> **Art. 13.** Ao processo, ao julgamento e à execução das causas cíveis e criminais decorrentes da prática de violência doméstica e familiar contra a mulher aplicar-se-ão as normas dos Códigos de Processo Penal e Processo Civil e da legislação específica relativa à criança, ao adolescente e ao idoso que não conflitarem com o estabelecido nesta Lei.

Outra inovação trazida pela Lei Maria da Penha é a humanização e a intensificação do atendimento policial à ofendida consoante prescrição dos arts. 11 e 12.

É importante mencionar, também, a esplêndida cláusula aberta, disposta nesse artigo, que sana quaisquer dúvidas acerca de lacunas para a aplicação de seus contornos legais.

Essa norma é extremamente importante no auxílio do exegeta para a melhor aplicação dos institutos trazidos pelo aludido diploma legal.

> **Art. 14.** Os Juizados de Violência Doméstica e Familiar contra a Mulher, órgãos da Justiça Ordinária com competência cível e criminal, poderão ser criados pela União, no Distrito Federal e nos Territórios, e pelos Estados, para o

> processo, o julgamento e a execução das causas decorrentes da prática de violência doméstica e familiar contra a mulher.
>
> **Parágrafo único.** Os atos processuais poderão realizar-se em horário noturno, conforme dispuserem as normas de organização judiciária.

De maneira a concretizar a garantia fundamental da razoável duração do processo e, assim, assegurar a utilidade da prestação jurisdicional, na Lei n. 11.340/2006, no art. 14, caput, o legislador informa que os Juizados de Violência Doméstica e Familiar contra a Mulher possuem competência cível e criminal para o processamento, o julgamento e a execução de causas provenientes da prática da violência doméstica e familiar contra a mulher.

Assim, diante de um só contexto fático, poderá haver diversas soluções jurídicas e respostas estatais para o fenômeno social da violência doméstica que se apresenta ao Estado-juiz.

Em um caso em que haja violência doméstica e familiar de marido contra mulher levado ao Juizado, por exemplo, poderá surgir uma ação de divórcio, bem como o processo em que poderão ser concedidas medidas protetivas de urgência e veiculada a ação penal pertinente.

No parágrafo único desse artigo, o legislador traz um incremento extremamente importante para a condução dos feitos, cíveis e criminais, que tramitam nos Juizados de Violência Doméstica e Familiar contra a Mulher, que é o fato de os atos processuais poderem se realizar em horário noturno conforme dispuserem as normas de organização judiciária.

Portanto, no art. 14 da Lei n. 11.340/2006 constitui cápsula de resguardo de normas constitucionais, notadamente, do devido processo legal no âmbito da violência doméstica e familiar contra a mulher, portanto como norma cogente, não admitindo, ainda, interpretação restritiva do texto legal que lhe enuncia.

> **Art. 14-A.** A ofendida tem a opção de propor ação de divórcio ou de dissolução de união estável no Juizado de Violência Doméstica e Familiar contra a Mulher.
>
> § 1º Exclui-se da competência dos Juizados de Violência Doméstica e Familiar contra a Mulher a pretensão relacionada à partilha de bens.

§ 2º Iniciada a situação de violência doméstica e familiar após o ajuizamento da ação de divórcio ou de dissolução de união estável, a ação terá preferência no juízo onde estiver.

No art.14-A da Lei Maria da Penha, o legislador cuida da competência em razão da matéria para a propositura de ações de divórcio ou de dissolução de união estável, trazendo o juízo do Juizado de Violência Doméstica e Familiar contra a Mulher como possível juízo competente.

Nessa regra, há uma competência concorrente de juízos para se proporem as mencionadas ações. Portanto, é uma faculdade para a autora, que pode optar por propor a ação pertinente no âmbito do Juizado de Violência Doméstica e Familiar contra a Mulher ou em uma vara da justiça comum estadual que tenha competência para julgar a ação de acordo com as normas de organização judiciária local.

Merece registro, ainda, o fato de que, em nosso humilde entender, o Juizado de Violência Doméstica e Familiar contra a Mulher será o foro do lugar onde ocorreu a violência que baseia as ações de divórcio ou de dissolução de união estável, seguindo a diretriz dos arts. 70[1]

---

[1] **Art. 70.** A competência será, de regra, determinada pelo lugar em que se consumar a infração, ou, no caso de tentativa, pelo lugar em que for praticado o último ato de execução

§ 1º Se, iniciada a execução no território nacional, a infração se consumar fora dele, a competência será determinada pelo lugar em que tiver sido praticado, no Brasil, o último ato de execução.

§ 2º Quando o último ato de execução for praticado fora do território nacional, será competente o juiz do lugar em que o crime, embora parcialmente, tenha produzido ou devia produzir seu resultado.

§ 3º Quando incerto o limite territorial entre duas ou mais jurisdições, ou quando incerta a jurisdição por ter sido a infração consumada ou tentada nas divisas de duas ou mais jurisdições, a competência firmar-se-á pela prevenção.

§ 4º Nos crimes previstos no **art. 171 do Decreto-Lei n. 2.848, de 7 de dezembro de 1940** (Código Penal), quando praticados mediante depósito, mediante emissão de cheques sem suficiente provisão de fundos em poder do sacado ou com o pagamento frustrado ou mediante transferência de valores, a competência será definida pelo local do domicílio da vítima, e, em caso de pluralidade de vítimas, a competência firmar-se-á pela prevenção.

e 71[2] do Código de Processo Penal, haja vista que é o juízo que fica mais próximo de onde ocorreram os acontecimentos que formam as causas de pedir das citadas ações e também das provas a serem utilizadas nos respectivos processos.

> **Art. 15.** É competente, por opção da ofendida, para os processos cíveis regidos por esta Lei, o Juizado:
>
> I - do seu domicílio ou de sua residência;
>
> II - do lugar do fato em que se baseou a demanda;
>
> III - do domicílio do agressor.

Por sua vez, no art. 15, o legislador traz a faculdade que a autora tem de poder optar por propor a ação de divórcio ou de dissolução de união estável no Juizado de Violência Doméstica e Familiar contra a Mulher de seu domicílio ou residência; no lugar do fato em que se baseou a demanda ou do domicílio do agressor, conforme a sua conveniência, o que facilita o seu acesso à Justiça, sendo, portanto, norma infraconstitucional de concreção do postulado etiquetado no inciso XXXV, do art. 5º, da Constituição Federal de 1988.

> **Art. 16.** Nas ações penais públicas condicionadas à representação da ofendida de que trata esta Lei, só será admitida a renúncia à representação perante o juiz, em audiência especialmente designada com tal finalidade, antes do recebimento da denúncia e ouvido o Ministério Público.

No art. 16, o legislador traz uma regra especial[3] acerca da retratação à representação da ofendida. Houve aqui um equívoco terminológico do legislador, pois ele desejou se referir à retratação da representação (ato da vítima ou de seu representante legal) para

---

[2] **Art. 71.** Tratando-se de infração continuada ou permanente, praticada em território de duas ou mais jurisdições, a competência firmar-se-á pela prevenção.

[3] O art. 16 da Lei n. 11.340/2006 é uma regra especial em relação à regra (geral) do art. 25 do Código de Processo Penal.

se reconsiderar a autorização previamente dada pela ofendida para prosseguimento do feito.[4]

Art. 17. É vedada a aplicação, nos casos de violência doméstica e familiar contra a mulher, de penas de cesta básica ou outras de prestação pecuniária, bem como a substituição de pena que implique o pagamento isolado de multa.

No art. 17, o legislador veda a fixação e a imposição de sanções restritivas de direito referentes a pagamento de cestas básicas ou de outra prestação pecuniária, bem como a substituição de pena que implique o pagamento isolado de multa.

Nesse artigo está o rol de penas vedadas ao magistrado sentenciando, no exercício de sua função jurisdicional no âmbito da violência doméstica e familiar.

CAPÍTULO II
DAS MEDIDAS PROTETIVAS DE URGÊNCIA
Seção I
Disposições Gerais

Art. 18. Recebido o expediente com o pedido da ofendida, caberá ao juiz, no prazo de 48 (quarenta e oito) horas:

I – conhecer do expediente e do pedido e decidir sobre as medidas protetivas de urgência;

II – determinar o encaminhamento da ofendida ao órgão de assistência judiciária, quando for o caso, inclusive para o ajuizamento da ação de separação judicial, de divórcio, de anulação de casamento ou de dissolução de união estável perante o juízo competente;

III – comunicar ao Ministério Público para que adote as providências cabíveis;

[4] O legislador se equivocou no uso do termo "renúncia", haja vista que quis se referir à retração, porque não se pode renunciar ao que já foi exercido e, no caso do art. 16 da Lei n. 11.340/2006, a representação já teria sido previamente realizada pela ofendida, caso contrário o feito não teria chegado ao instante enunciado pelo aludido artigo de lei.

IV – determinar a apreensão imediata de arma de fogo sob a posse do agressor.

Nesse artigo, o legislador enuncia o rito procedimental para a apreciação do expediente com o pedido de medidas protetivas de urgência em prol da ofendida, que também será inteiramente seguido caso o expediente seja oriundo de repartição policial.

Entretanto, quando o pedido de medidas protetivas de urgência for feito por representante da Defensoria Pública, não haverá a necessidade de o julgador proceder à determinação delineada no inciso II desse artigo, haja vista que o conteúdo dessa norma já será realizado pela distribuição interna defensorial, tendo a ofendida acesso a todos os defensores públicos com as atribuições pertinentes para atuação perante o Juizado da Violência Doméstica e Familiar contra a Mulher competente.

Da mesma forma, se o pedido de medidas protetivas de urgência for realizado por representante do Ministério Público, não haverá a necessidade de o julgador realizar a comunicação descrita no inciso III desse artigo, haja vista que o *parquet*, ao ajuizar a referida súplica, já terá conhecimento do caso para adotar as medidas cabíveis e pertinentes.

Art. 19. As medidas protetivas de urgência poderão ser concedidas pelo juiz, a requerimento do Ministério Público ou a pedido da ofendida.

§ 1º As medidas protetivas de urgência poderão ser concedidas de imediato, independentemente de audiência das partes e de manifestação do Ministério Público, devendo este ser prontamente comunicado.

§ 2º As medidas protetivas de urgência serão aplicadas isolada ou cumulativamente, e poderão ser substituídas a qualquer tempo por outras de maior eficácia, sempre que os direitos reconhecidos nesta Lei forem ameaçados ou violados.

§ 3º Poderá o juiz, a requerimento do Ministério Público ou a pedido da ofendida, conceder novas medidas protetivas de urgência ou rever aquelas já concedidas, se entender necessário à proteção da ofendida, de seus familiares e de seu patrimônio, ouvido o Ministério Público.

No *caput* desse artigo, o legislador trata da legitimação para realizar o pedido de medidas protetivas de urgência, que pode ser feito pelo representante do Ministério Público ou pela ofendida, por intermédio de seu *jus postulandi*, nos termos do art. 12, III, da referida Lei ou por meio de representante da Defensoria Pública ou por advogado por ela constituído.

Já nos parágrafos desse artigo, o legislador trata das peculiaridades inerentes às medidas protetivas de urgência.

Merece destaque a explicação legal que o legislador dá à cláusula *rebus si stamdibus* no parágrafo 3º do artigo.

> **Art. 20.** Em qualquer fase do inquérito policial ou da instrução criminal, caberá a prisão preventiva do agressor, decretada pelo juiz, de ofício, a requerimento do Ministério Público ou mediante representação da autoridade policial.
>
> **Parágrafo único.** O juiz poderá revogar a prisão preventiva se, no curso do processo, verificar a falta de motivo para que subsista, bem como de novo decretá-la, se sobrevierem razões que a justifiquem.
>
> **Art. 21.** A ofendida deverá ser notificada dos atos processuais relativos ao agressor, especialmente dos pertinentes ao ingresso e à saída da prisão, sem prejuízo da intimação do advogado constituído ou do defensor público.
>
> **Parágrafo único.** A ofendida não poderá entregar intimação ou notificação ao agressor.

Seção II
Das Medidas Protetivas de Urgência que Obrigam o Agressor

> **Art. 22.** Constatada a prática de violência doméstica e familiar contra a mulher, nos termos desta Lei, o juiz poderá aplicar, de imediato, ao agressor, em conjunto ou separadamente, as seguintes medidas protetivas de urgência, entre outras:
>
> I – suspensão da posse ou restrição do porte de armas, com comunicação ao órgão competente, nos termos da Lei n. 10.826, de 22 de dezembro de 2003;

II – afastamento do lar, domicílio ou local de convivência com a ofendida;

III – proibição de determinadas condutas, entre as quais:

a) aproximação da ofendida, de seus familiares e das testemunhas, fixando o limite mínimo de distância entre estes e o agressor;

b) contato com a ofendida, seus familiares e testemunhas por qualquer meio de comunicação;

c) freqüentação (sic) de determinados lugares a fim de preservar a integridade física e psicológica da ofendida;

IV – restrição ou suspensão de visitas aos dependentes menores, ouvida a equipe de atendimento multidisciplinar ou serviço similar;

V – prestação de alimentos provisionais ou provisórios;

VI – comparecimento do agressor a programas de recuperação e reeducação; e

VII – acompanhamento psicossocial do agressor, por meio de atendimento individual e/ou em grupo de apoio.

§ 1º As medidas referidas neste artigo não impedem a aplicação de outras previstas na legislação em vigor, sempre que a segurança da ofendida ou as circunstâncias o exigirem, devendo a providência ser comunicada ao Ministério Público.

§ 2º Na hipótese de aplicação do inciso I, encontrando-se o agressor nas condições mencionadas no *caput* e incisos do art. 6º da Lei n. 10.826, de 22 de dezembro de 2003, o juiz comunicará ao respectivo órgão, corporação ou instituição as medidas protetivas de urgência concedidas e determinará a restrição do porte de armas, ficando o superior imediato do agressor responsável pelo cumprimento da determinação judicial, sob pena de incorrer nos crimes de prevaricação ou de desobediência, conforme o caso.

§ 3º Para garantir a efetividade das medidas protetivas de urgência, poderá o juiz requisitar, a qualquer momento, auxílio da força policial.

§ 4º Aplica-se às hipóteses previstas neste artigo, no que couber, o disposto no *caput* e nos §§ 5º e 6º do art. 461 da Lei n. 5.869, de 11 de janeiro de 1973 (Código de Processo Civil).

Seção III
Das Medidas Protetivas de Urgência à Ofendida

Art. 23. Poderá o juiz, quando necessário, sem prejuízo de outras medidas:

I – encaminhar a ofendida e seus dependentes a programa oficial ou comunitário de proteção ou de atendimento;

II – determinar a recondução da ofendida e a de seus dependentes ao respectivo domicílio, após afastamento do agressor;

III – determinar o afastamento da ofendida do lar, sem prejuízo dos direitos relativos a bens, guarda dos filhos e alimentos;

IV – determinar a separação de corpos;

V – determinar a matrícula dos dependentes da ofendida em instituição de educação básica mais próxima do seu domicílio, ou a transferência deles para essa instituição, independentemente da existência de vaga.

Art. 24. Para a proteção patrimonial dos bens da sociedade conjugal ou daqueles de propriedade particular da mulher, o juiz poderá determinar, liminarmente, as seguintes medidas, entre outras:

I – restituição de bens indevidamente subtraídos pelo agressor à ofendida;

II – proibição temporária para a celebração de atos e contratos de compra, venda e locação de propriedade em comum, salvo expressa autorização judicial;

III – suspensão das procurações conferidas pela ofendida ao agressor;

IV – prestação de caução provisória, mediante depósito judicial, por perdas e danos materiais decorrentes da prática de violência doméstica e familiar contra a ofendida.

> **Parágrafo único.** Deverá o juiz oficiar ao cartório competente para os fins previstos nos incisos II e III deste artigo.

Outra questão bastante interessante é que na Lei Maria da Penha o legislador dispõe que as medidas protetivas de urgência podem ser requeridas pela ofendida ou pelo Ministério Público, contudo não elegeu a primeira como legitimada para o rogo da prisão preventiva, restando esta medida cautelar ser decretada pelo juiz a requerimento do *parquet* ou mediante representação da autoridade policial, conforme prescrição do art. 20.

Além disso, merece destaque, também, nesse contexto, o fato de que Lei n. 12.403/11, que alterou o art. 313 do Código de Processo Penal e fincou, no novo inciso III deste dispositivo legal, a admissão da decretação da prisão preventiva caso os investigados ou processados desrespeitem as medidas protetivas impostas. A esse respeito é importante ressaltar a contribuição de Renato Brasileiro de Lima:

> Como a redação do inciso III do art. 313 não faz distinção quanto à natureza da pena do crime doloso, deve-se entender que, independentemente de o crime ser punido com reclusão ou detenção, a prisão preventiva pode ser adotada como medida de *ultima ratio* no sentido de compelir o agente à observância das medidas protetivas de urgência previstas na Lei Maria da Penha, mas desde que presente um dos fundamentos que autorizam a prisão preventiva (CPP, art. 312) (LIMA, 2013, p. 921).

O rol de medidas protetivas de urgência estira-se pelo perímetro normativo dos arts. 22, 23 e 24 da Lei n. 11.340/2006, consoante quadro sinóptico abaixo. Contudo, ele é exemplificativo consoante disposição contida no parágrafo 1º do art. 22 do aludido diploma legal.

Lei n. 11.340/2006 – Quadro sinóptico de medidas protetivas

Dispositivo legal	Medida protetiva correspondente
Art. 22, I	suspensão da posse ou restrição do porte de armas
Art. 22, II	afastamento do lar, domicílio ou local de convivência com a ofendida
Art. 22, III, "a"	proibição de aproximação da ofendida, de seus familiares e das testemunhas, fixando o limite mínimo de distância entre estes e o agressor
Art. 22, III, "b"	proibição de contato com a ofendida, seus familiares e testemunhas por qualquer meio de comunicação
Art. 22, III, "c"	proibição de freqüentação (sic) de determinados lugares a fim de preservar a integridade física e psicológica da ofendida
Art. 22, IV	restrição ou suspensão de visitas aos dependentes menores, ouvida a equipe de atendimento multidisciplinar ou serviço similar
Art. 22, V	prestação de alimentos provisionais ou provisórios
Art. 22, VI	comparecimento do agressor a programas de recuperação e reeducação
Art. 22, VII	acompanhamento psicossocial do agressor, por meio de atendimento individual e/ou em grupo de apoio
Art. 23, I	encaminhar a ofendida e seus dependentes a programa oficial ou comunitário de proteção ou de atendimento
Art. 23, II	determinar a recondução da ofendida e a de seus dependentes ao respectivo domicílio, após afastamento do agressor
Art. 23, III	determinar o afastamento da ofendida do lar, sem prejuízo dos direitos relativos a bens, guarda dos filhos e alimentos
Art. 23, IV	determinar a separação de corpos
Art. 23, V	determinar a matrícula dos dependentes da ofendida em instituição de educação básica mais próxima do seu domicílio, ou a transferência deles para essa instituição, independentemente da existência de vaga

Art. 24, I	restituição de bens indevidamente subtraídos pelo agressor à ofendida
Art. 24, II	proibição temporária para a celebração de atos e contratos de compra, venda e locação de propriedade em comum, salvo expressa autorização judicial (o juiz deve oficiar ao cartório competente informando acerca da concessão desta medida protetiva para o integral cumprimento da mesma – art. 24, parágrafo único, da Lei n. 11.340/2006)
Art. 24, III	suspensão das procurações conferidas pela ofendida ao agressor (o juiz deve oficiar ao cartório competente informando acerca da concessão desta medida protetiva para o integral cumprimento da mesma – art. 24, parágrafo único, da Lei n. 11.340/2006)
Art. 24, IV	prestação de caução provisória, mediante depósito judicial, por perdas e danos materiais decorrentes da prática de violência doméstica e familiar contra a ofendida

Seção IV
Do Crime de Descumprimento de Medidas Protetivas de Urgência

Art. 24-A. Descumprir decisão judicial que defere medidas protetivas de urgência previstas nesta Lei:

Pena – detenção, de 3 (três) meses a 2 (dois) anos.

§ 1º A configuração do crime independe da competência civil ou criminal do juiz que deferiu as medidas.

§ 2º Na hipótese de prisão em flagrante, apenas a autoridade judicial poderá conceder fiança.

§ 3º O disposto neste artigo não exclui a aplicação de outras sanções cabíveis.

Durante o tempo de vigência da Lei n. 11.340/2006, o legislador verificou que as medidas protetivas delineadas na aludida norma e impostas pelos juízes brasileiros eram, em grande medida, desobedecidas, o que se pôde verificar pela análise dos números oficiais contidos em estatísticas levantadas pelos órgãos competentes.

Assim, houve a necessidade de tipificar essa conduta, o que foi feito por meio da edição da Lei n. 13.641/2018, que incluiu o art. 24-A na Lei n. 11.340/2006.

Esse tipo penal é uma espécie do gênero criminógeno desobediência (art. 330 do Código Penal), ostentada, portanto, a condição de desobediência qualificada, específica ou especial.

É uma figura delitiva que consiste em punir com pena de detenção, de 3 (três) meses a 2 (dois) anos, aquele que descumprir decisão judicial que deferir medidas protetivas de urgências previstas na Lei Maria da Penha.

Doravante, tratar-se-á dos elementos desse tipo penal. Em primeiro lugar, o bem jurídico tutelado por esse dispositivo é o normal funcionamento da Administração da Justiça com o fim especial de assegurar o cumprimento das decisões do Poder Judiciário.

Em segundo lugar, possui a qualidade de sujeito ativo apenas o indivíduo que tem seu direito de liberdade restringido pelas aludidas medidas protetivas. Portanto, esse crime é próprio.

Além disso, considerando que tanto o homem quanto a mulher podem cometer violência doméstica, conclui-se que ambos podem ter suas liberdades limitadas pelas referidas medidas e, por conseguinte, podem ser sujeitos ativos do tipo penal etiquetado no art. 24-A da Lei n. 11.340/2006.

Ademais, é forçoso concluir que eventual terceiro que venha a concorrer para o cometimento do citado delito responderá como partícipe (art. 29, § 1º, do Código Penal).

Em terceiro lugar, figura como sujeito passivo desse delito o Estado, na qualidade de sujeito passivo direto ou primário, e a vítima da violência doméstica que deu origem à medida protetiva imposta por decisão judicial alvo de desobediência, como sujeito passivo secundário ou indireto.

O quadro sinóptico a seguir retrata os elementos do tipo penal prescrito no art. 24-A da Lei n. 11.340/2006, senão veja-se:

Art. 24-A da Lei n. 11.340/2006 – Quadro sinóptico (elementos do crime)

Bem jurídico tutelado pela norma	O normal funcionamento da administração da Justiça com o fim especial de assegurar o cumprimento das decisões do Poder Judiciário
Sujeito ativo	Indivíduo que tem seu direito de liberdade restringido pelas aludidas medidas protetivas (pode ser homem ou mulher)
Sujeito passivo (primário ou direto)	Estado
Sujeito passivo (secundário ou indireto)	Vítima da violência doméstica ou familiar

CAPÍTULO III
DA ATUAÇÃO DO MINISTÉRIO PÚBLICO

Art. 25. O Ministério Público intervirá, quando não for parte, nas causas cíveis e criminais decorrentes da violência doméstica e familiar contra a mulher.

Art. 26. Caberá ao Ministério Público, sem prejuízo de outras atribuições, nos casos de violência doméstica e familiar contra a mulher, quando necessário:

I – requisitar força policial e serviços públicos de saúde, de educação, de assistência social e de segurança, entre outros;

II – fiscalizar os estabelecimentos públicos e particulares de atendimento à mulher em situação de violência doméstica e familiar, e adotar, de imediato, as medidas administrativas ou judiciais cabíveis no tocante a quaisquer irregularidades constatadas;

III – cadastrar os casos de violência doméstica e familiar contra a mulher.

O Ministério Público, por meio de seus representantes, atua tanto como *custus legis* nas causas cíveis ensejadas pela violência doméstica e familiar quanto na condição de *dominis litis*, nas ações penais públicas resultantes de fatos que tenham aquela mesma origem, o que consta, de forma expressa, do art. 25 da Lei.

Além disso, ele está incumbido das atribuições listadas no art. 26, dentre elas, a fiscalização dos estabelecimentos públicos e particulares de atendimento à mulher em situação de violência doméstica e familiar e o cadastro dos casos desse tipo de ofensa.

CAPÍTULO IV
DA ASSISTÊNCIA JUDICIÁRIA

Art. 27. Em todos os atos processuais, cíveis e criminais, a mulher em situação de violência doméstica e familiar deverá estar acompanhada de advogado, ressalvado o previsto no art. 19 desta Lei.

O legislador se equivocou no uso do termo "advogado", porque, a mulher em situação de violência doméstica e familiar estando acompanhada por membro da Defensoria Pública, seus direitos e interesses estarão também sendo bem defendidos, haja vistas as atribuições inerentes aos defensores públicos contidas na Lei Complementar n. 80/1994.[5]

Art. 28. É garantido a toda mulher em situação de violência doméstica e familiar o acesso aos serviços de Defensoria Pública ou de Assistência Judiciária Gratuita, nos termos da lei, em sede policial e judicial, mediante atendimento específico e humanizado.

5 Lei Complementar n. 80/1994 é a Lei Orgânica Nacional da Defensoria Pública.

TÍTULO V – DA EQUIPE DE ATENDIMENTO MULTIDISCIPLINAR

Art. 29. Os Juizados de Violência Doméstica e Familiar contra a Mulher que vierem a ser criados poderão contar com uma equipe de atendimento multidisciplinar, a ser integrada por profissionais especializados nas áreas psicossocial, jurídica e de saúde.

Art. 30. Compete à equipe de atendimento multidisciplinar, entre outras atribuições que lhe forem reservadas pela legislação local, fornecer subsídios por escrito ao juiz, ao Ministério Público e à Defensoria Pública, mediante laudos ou verbalmente em audiência, e desenvolver trabalhos de orientação, encaminhamento, prevenção e outras medidas, voltados para a ofendida, o agressor e os familiares, com especial atenção às crianças e aos adolescentes.

Art. 31. Quando a complexidade do caso exigir avaliação mais aprofundada, o juiz poderá determinar a manifestação de profissional especializado, mediante a indicação da equipe de atendimento multidisciplinar.

Art. 32. O Poder Judiciário, na elaboração de sua proposta orçamentária, poderá prever recursos para a criação e manutenção da equipe de atendimento multidisciplinar, nos termos da Lei de Diretrizes Orçamentárias.

De forma inovadora e totalmente condizente com o arcabouço principiológico de proteção aos direitos fundamentais e humanos da mulher, a Lei n. 11.340/2006, em seu art. 28, pontificou a garantia, a toda mulher em situação de violência doméstica e familiar, de acesso aos serviços de Defensoria Pública, em sede policial e judicial, mediante atendimento específico e humanizado.

Nesse sentido, interessante se faz mencionar a abordagem de Alice Bianchini acerca do atendimento humanizado que é prestado pela Defensoria Pública às mulheres vítimas de violência doméstica e familiar:

> O termo humanizado, por sua vez, pretende destacar a específica situação de vulnerabilidade em que se encontram as mulheres vítimas desta (sic) forma de violência.
>
> A Lei Orgânica Nacional da Defensoria Pública (LC n. 80/94, com as alterações promovidas pela LC n. 132/09), prevê, em seu art. 4º, que incumbe à instituição 'exercer a defesa dos interesses individuais e coletivos [...] da mulher vítima de violência doméstica e familiar' (inciso XI); atuar na preservação e reparação dos direitos de pessoas vítimas de tortura, abusos sexuais, discriminação ou qualquer outra forma de opressão ou violência, propiciando o acompanhamento e o atendimento interdisciplinar das vítimas (inciso XVIII); além de representar aos sistemas internacionais de proteção dos direitos humanos, postulando perante seus órgãos (inciso VI).
>
> A Lei Maria da Penha prevê o acesso à assistência jurídica inclusive na (sic) fase policial. A orientação jurídica nesta (sic) fase é de especial importância, já que é quando, normalmente, são adotadas as medidas protetivas de urgência, ferramentas imprescindíveis para a proteção da mulher ou para evitar o agravamento da violência. (BIANCHINI, 2013, p. 150).

Na Lei Maria da Penha, o legislador ainda enuncia a necessidade de os Juizados de Violência Doméstica e Familiar contra a Mulher possuírem equipe de atendimento multidisciplinar consoante disciplinamento dos seus arts. 29 e seguintes, tendo em vista as peculiaridades que envolvem a temática, ofensa ao gênero feminino.

A questão da violência doméstica no Brasil mostra-se, notoriamente, complexa e exige do profissional do Direito conhecimento de noções de Psicologia e Sociologia, Ciências que também se propõem a estudar a violência doméstica e familiar.

Por isso, o legislador brasileiro foi sábio ao anunciar na Lei Maria da Penha (Lei n. 11.340/2006) que os Juizados de Violência Doméstica e Familiar contra a Mulher poderão contar com equipe de atendimento multidisciplinar, composta por psicólogos e assistentes sociais.

Como visto, a sensibilidade e a complexidade dessa temática no seio da sociedade brasileira indicam a essencialidade do trabalho desses profissionais nos processos judiciais em que se desenvolvem as causas que tratam dessa mazela social, pois, não raras vezes, o profissional do Direito necessitará dos preciosos estudos dos mencionados auxiliares do juízo na busca pelos melhores caminhos para se alcançar a pacificação social.

Nesse sentido, no art. 30 o legislador expõe que cabe à equipe de atendimento multidisciplinar fornecer informações que possam fundamentar manifestações dos diversos atores que atuam nos procedimentos judiciais que lidam com causas que envolvem a violência doméstica e familiar.

No mesmo sentido, segue o Enunciado n. 15 do Fórum Nacional de Juízes de Violência Doméstica e Familiar contra a Mulher:

> **Enunciado n. 15.** A Equipe Multidisciplinar poderá elaborar documentos técnicos solicitados pelo Ministério Público ou Defensoria Pública, mediante autorização do Poder Judiciário.

Dessa forma, o estabelecimento e o funcionamento regular da equipe de atendimento multidisciplinar descrita no aludido diploma legal constituem política pública indispensável, pois contribuem para a identificação das mazelas sociais originadas da violência doméstica e familiar tratada pela Lei Maria da Penha.

Nesse sentido, foi de grande valia o legislador ter inserido no art. 32 da Lei Maria da Penha a proposição de que o Poder Judiciário, na sua proposta de orçamento, poderá prever os recursos necessários à criação e à manutenção da equipe de atendimento multidisciplinar conforme os termos da legislação orçamentária pertinente.

Nesse contexto, é interessante ressaltar o que diz o Enunciado n. 14 do Fórum Nacional de Juízes de Violência Doméstica e Familiar contra a Mulher:

> **Enunciado n. 14.** Os Tribunais de Justiça deverão prover, obrigatoriamente, os Juízos com competência para processar e julgar os processos de violência doméstica e familiar contra a mulher, de Equipe Multidisciplinar exclusiva, com quantidade de profissionais dimensionadas de acordo com o manual de rotinas de estruturação de Juizados de Violência Doméstica e Familiar contra a Mulher do CNJ.

Maria Berenice Dias, com maestria, elucida a questão:

> A violência contra a mulher ainda atinge níveis assustadores.
>
> Apesar da existência da Lei Maria da Penha, é imperiosa a conscientização da sociedade. Para isso é imprescindível que o Estado adote políticas públicas capazes de suprir as necessidades social, física e psicológica das vítimas. Em razão da situação e fragilidade emocional e até mesmo física em que se encontra a mulher, a hipossuficiência faz com que o silêncio seja o maior dos cúmplices dos episódios de violência.
>
> Necessária a existência de órgão, instrumentos e procedimentos capazes de fazer com que as normas jurídicas se transformem de exigências abstratas dirigidas à vontade humana em ações concretas. Assim, indispensável a implementação de uma Ação de Políticas Públicas voltada a alcançar os direitos sociais e fundamentais de todos os cidadãos, incluindo, em especial, as mulheres vítimas de violência doméstica.
>
> Não é por outro motivo que o legislador utilizou os verbos será, determinará, assegurará e compreenderá, no tempo futuro, indicando que o tipo de assistência necessária à mulher vítima de violência familiar ainda não existe de

> forma adequada. O tempo verbal é utilizado como ordem e como afirmações condicionadas que se referem a fatos de realização provável. Por isso, a Lei Maria da Penha, além de definir a violência doméstica e impor mecanismos repressores, para a sua implementação integral teve a cautela de determinar providências a serem adotadas pelos Poderes Públicos nas esferas federal, estadual e municipal.
>
> (...)
>
> **Art. 32.** O Poder Judiciário, na elaboração de sua proposta orçamentária, poderá prever recursos para a criação e manutenção da equipe de atendimento multidisciplinar, nos termos da Lei de Diretrizes Orçamentárias.

Assim, o comando legal, disposto no aludido dispositivo legal, deve ser interpretado não como uma faculdade do Poder Público, mas como um dever.

Nesse contexto, vê-se que o estudo da violência doméstica e familiar é transdisciplinar, pois não se faz uso apenas dos ramos do Direito, mas também do conhecimento cognitivo da Psicologia e do Serviço Social.

Outra particularidade acerca do Estatuto Protetivo Feminino é a extensão da sua grandeza, haja vista que ele ramifica-se no sentido de proteger a mulher de maneira indistinta em relação à idade, ou seja, a Lei n. 11.340/2006 a defende da violência doméstica e familiar na infância, adolescência, juventude, enquanto adulta e, ainda, quando idosa. Nesse sentido, merece destaque o eco da jurisprudência nacional:

> CONFLITO NEGATIVO DE COMPETÊNCIA. Lesões corporais contra criança mulher no âmbito de violência doméstica e familiar. Aplicabilidade da Lei Maria da Penha. Condição de criança/mulher que se sobrepõe ao simples fato de ser criança para fins de fixação de competência. Caráter de proteção constitucional não só das crianças e adolescentes, mas também da mulher. Lei Maria da Penha que possui um caráter mais enérgico de proteção total. Objetivo programático constitucional que

mais se alcança nesta Lei do que pelo ECA. Declaração de competência do Juizado de Violência Doméstica e Familiar contra a Mulher. (TJPR – CC n. 559.604-PR, Primeira Câmara Criminal, Rel.ª Des.ª Astrid Maranhão de Carvalho Ruthes, DJE 25.09.09.).

CONFLITO NEGATIVO DE COMPETÊNCIA. JUIZADO DE VIOLÊNCIA DOMÉSTICA E FAMILIAR CONTRA A MULHER VERSUS VARA CRIMINAL COMUM. ESTUPRO DE VULNERÁVEL CONTRA MENINOS E MENINAS NO MESMO CONTEXTO. CONEXÃO PROBATÓRIA. EXIGÊNCIA DE JULGAMENTO CONJUNTO. COMPETÊNCIA DO JUIZADO ESPECIAL EM RAZÃO DA PRESENÇA DE VÍTIMAS DO SEXO FEMININO. 1. Réu denunciado por praticar atos libidinosos contra meninos e meninas, prevalecendo-se de relação doméstica e familiar. O Juizado de Violência Doméstica e Familiar contra a Mulher de São Sebastião declinou da competência em relação aos fatos praticados às crianças do sexo masculino em favor da Vara Criminal Comum da mesma Circunscrição Judiciária, que suscitou o conflito negativo de jurisdição alegando que os crimes aconteceram dentro do mesmo contexto, evidenciando a conexão probatória. 2. As provas dos fatos são interdependentes, considerando que aconteceram em um mesmo contexto contra várias crianças, que são ao mesmo tempo vítimas e testemunhas, evidenciando a conexão probatória de que trata o art. 76, inciso III, do Código de Processo Penal, haja vista o vínculo objetivo entre as imputações. Em casos tais, a Lei recomenda o julgamento conjunto pelo Juízo Especializado, que exerce a *vis attractiva* sobre os crimes em conexão. 3. Conflito de competência provido para declarar competente o Juizado de Violência Doméstica e Familiar contra a Mulher. (TJDFT – CCR n. 0003313-80.2012.807.0000, Rel. Des. George Lopes Leite, DJe 11.04.12.).

CONFLITO NEGATIVO DE COMPETÊNCIA – JUIZADO DA INFÂNCIA E DA JUVENTUDE INFRACIONAL E JUIZADO ESPECIALIZADO DA VIOLÊNCIA DOMÉSTICA – MEDIDAS PROTETIVAS DE URGÊNCIA

PLEITEADAS EM FAVOR DE VÍTIMA ADOLESCENTE - CRIME DE LESÃO CORPORAL SUPOSTAMENTE PRATICADO EM CONTEXTO DE VIOLÊNCIA DOMÉSTICA E FAMILIAR - ABRANGÊNCIA DA LEI MARIA DA PENHA - IDADE DA VÍTIMA - IRRELEVÂNCIA - APLICAÇÃO SUBSIDIÁRIA DO ECA - POSSIBILIDADE - CONFLITO PROCEDENTE - COMPETÊNCIA DO JUÍZO SUSCITADO. 1. Cinge-se a controvérsia à definição do juízo competente para a apreciação de pedido de medidas protetivas formulado em favor de adolescente alegadamente vítima do crime previsto no art. 129, § 9º do Código Penal, supostamente perpetrado por sua madrasta, no âmbito da relação doméstica e familiar. 2. A menoridade da vítima não a exclui do âmbito de proteção da Lei Maria da Penha e não atrai a competência do Juizado da Infância e da Juventude quando demonstrada, em tese, a prática de violência doméstica e familiar, tendo em vista que a lei protege a mulher independentemente de sua idade, nos termos do art. 2º da Lei n. 11.340/06. Precedentes. 3. Ademais, o julgamento de delitos praticados contra crianças e adolescentes não está inserido no rol de competências do art. 148 do Estatuto da Criança e do Adolescente, não havendo, portanto, amparo legal que imponha o julgamento do feito pelo Juízo da Infância e da Juventude. 4. O pedido de aplicação de medidas protetivas com fundamento no ECA também não é determinante para afastar a competência do Juizado da Violência Doméstica, uma vez que o art. 13 da Lei Maria da Penha expressamente permite a aplicação subsidiária da legislação específica relativa à criança e ao adolescente a todas as causas cíveis e criminais que envolvam violência doméstica e familiar contra a mulher, desde que haja compatibilidade entre ambos os diplomas normativos. 5. Com efeito, cabe ao Juízo Especializado da Violência Doméstica, no exercício de sua competência, avaliar a compatibilidade das medidas protetivas requeridas com os ditames da Lei Maria da Penha para, assim, formar a sua convicção acerca da possibilidade ou não da aplicação das medidas de proteção pleiteadas, tudo de forma a garantir a proteção da vítima vulnerável, atendendo aos fins sociais previstos pela norma de regência. 6. Conflito de Competência procedente. Declarada a competência do Juízo de Direito do 3º Juizado Especializado da Violência Doméstica. (TJ-AM - CC: 06627451520198040001 AM 0662745-15.2019.8.04.0001, Relator: João Mauro Bessa, Data de Julgamento: 18/11/2020, Câmaras Reunidas, Data de Publicação: 19/11/2020).

CONFLITO NEGATIVO DE COMPETÊNCIA - DELITO DE MAUS TRATOS EM TESE PERPETRADO PELA ACUSADA CONTRA FILHA MENOR - FEITO QUE TRAMITOU ORIGINALMENTE NO JUÍZO DA VARA ESPECIALIZADA DE VIOLÊNCIA DOMÉSTICA E FAMILIAR CONTRA A MULHER - COMPETÊNCIA DECLINADA PARA O JUÍZO DA VARA ESPECIALIZADA DA INFÂNCIA E JUVENTUDE - IRRESIGNAÇÃO DO JUÍZO DECLINADO - PROCEDÊNCIA DO CONFLITO - ABRANGÊNCIA DA COMPETÊNCIA DA VARA ESPECIALIZADA DE VIOLÊNCIA DOMÉSTICA PARA PROTEGER E COIBIR A VIOLÊNCIA FUNDADA EM CONDIÇÃO DE VULNERABILIDADE DA VÍTIMA EM AMBIENTE FAMILIAR - ENTENDIMENTO DO SUPERIOR TRIBUNAL DE JUSTIÇA - CONFLITO PROCEDENTE. Consoante entendimento do Superior Tribunal de Justiça: "Estão no âmbito de abrangência do delito de violência doméstica e podem integrar o polo passivo da ação delituosa as esposas, as companheiras ou amantes, bem como a mãe, as filhas, as netas do agressor e também a sogra, a avó ou qualquer outra parente que mantém vínculo familiar ou afetivo com ele". (STJ - HC 310.154/RS - Relator: Ministro Sebastião Reis Júnior - Órgão julgador: Sexta Turma - Julgamento: 28/04/2015 - Publicação: DJe 13/05/2015). Destaquei. Assim, restando demonstrada violência da mãe contra a filha, no ambiente familiar, e a condição de vulnerabilidade desta, decorrente de sua tenra idade, impõe-se o reconhecimento da competência do Juízo da Vara Especializada de Violência Doméstica e Familiar contra a Mulher para o processamento e julgamento do feito. (TJ-MT - CJ: 00435963220158110000 MT, Relator:

JORGE LUIZ TADEU RODRIGUES, Data de Julgamento: 04/02/2016, TURMA DE CÂMARAS CRIMINAIS REUNIDAS, Data de Publicação: 22/02/2016).

CONFLITO NEGATIVO DE COMPETÊNCIA. VARA DA INFÂNCIA E DA JUVENTUDE E VARA CRIMINAL DA JUSTIÇA COMUM. VIOLÊNCIA DOMÉSTICA BASEADA NO GÊNERO. INCIDÊNCIA DA LEI MARIA DA PENHA. IDADE DA VÍTIMA. IRRELEVÂNCIA. COMPETÊNCIA DA VARA CRIMINAL COMUM. – A Lei n. 11.340/06 é aplicável aos fatos oriundos de relação doméstica e familiar que possa (sic) ser qualificados como violência de gênero. – Tratando-se de suposta agressão praticada por agente imputável contra pessoa do gênero feminino, com a qual mantinha relação íntima de afeto, incide a Lei Maria da Penha, sendo irrelevante, para tanto, a idade da vítima. – Competência da Vara Criminal Comum. (TJ-MG – CJ: 10000170371603000 MG, Relator: Doorgal Andrada, Data de Julgamento: 02/08/2017, Câmaras Criminais/4ª CÂMARA CRIMINAL, Data de Publicação: 09/08/2017).

CONFLITO DE COMPETÊNCIA. VIOLÊNCIA DOMÉSTICA. Inegável que, em se tratando de violência doméstica, envolvendo o pai e a filha, a competência é da Vara Criminal, (sic) e não do Juizado da Infância e Juventude. Preceito claro da Lei Maria da Penha. CONFLITO PROCEDENTE. UNÂNIME. (Conflito de Competência n. 70.075.128.652, Oitava Câmara Cível, Tribunal de Justiça do RS, Relator: Ivan Leomar Bruxel, Julgado em 09/11/2017). (TJ-RS – CC: 70075128652 RS, Relator: Ivan Leomar Bruxel, Data de Julgamento: 09/11/2017, Oitava Câmara Cível, Data de Publicação: Diário da Justiça do dia 16/11/2017).

A Lei Maria da Penha inovou, ainda, ao prever a inaplicabilidade de penas restritivas de direito aos condenados; a possibilidade de colocar a vítima e sua prole em abrigo; o *jus postulandi* da ofendida para medidas protetivas; a vedação à substituição de pena que importe pagamento isolado de multa e a suspensão da posse ou restrição do porte de arma do suposto agressor.

TÍTULO VI – DISPOSIÇÕES TRANSITÓRIAS

> **Art. 33.** Enquanto não estruturados os Juizados de Violência Doméstica e Familiar contra a Mulher, as varas criminais acumularão as competências cível e criminal para conhecer e julgar as causas decorrentes da prática de violência doméstica e familiar contra a mulher, observadas as previsões do Título IV desta Lei, subsidiada pela legislação processual pertinente.
>
> **Parágrafo único.** Será garantido o direito de preferência, nas varas criminais, para o processo e o julgamento das causas referidas no *caput*.

Nesse artigo, o legislador traz uma regra de transição, que consiste no fato de as varas criminais serem competentes para processar e julgar as causas relativas à violência doméstica e familiar contra a mulher, garantido o direito de preferência para o processamento e o julgamento dos feitos que veicularem aludidas lides enquanto os Juizados de Violência Doméstica e Familiar contra a Mulher não estiverem estruturados.

TÍTULO VII – DISPOSIÇÕES FINAIS

Art. 34. A instituição dos Juizados de Violência Doméstica e Familiar contra a Mulher poderá ser acompanhada pela implantação das curadorias necessárias e do serviço de assistência judiciária.

Art. 35. A União, o Distrito Federal, os Estados e os Municípios poderão criar e promover, no limite das respectivas competências:

I – centros de atendimento integral e multidisciplinar para mulheres e respectivos dependentes em situação de violência doméstica e familiar;

II – casas-abrigos para mulheres e respectivos dependentes menores em situação de violência doméstica e familiar;

III – delegacias, núcleos de defensoria pública, serviços de saúde e centros de perícia médico-legal especializados no atendimento à mulher em situação de violência doméstica e familiar;

IV – programas e campanhas de enfrentamento da violência doméstica e familiar;

V – centros de educação e de reabilitação para os agressores.

Nos arts. 34 e 35 da Lei n. 11.340/2006, o legislador informa que a criação dos Juizados de Violência Doméstica e Familiar contra a Mulher pode vir junto com a instituição de outros equipamentos públicos como órgãos da Defensoria Pública munidos de titularidades para a atuação junto aos citados órgãos judiciais, bem como casas-abrigos, delegacias especializadas, serviços de saúde, centros de reabilitação de agressores etc.

Os centros de atendimento integral e multidisciplinar para mulheres e seus dependentes em situação de violência doméstica e familiar, discriminados no art. 35, inciso I, da Lei n. 11.340/2006, possuem especial importância, porque são responsáveis pela realização do atendimento que abre as portas de acesso à rede de apoio às vítimas de condutas criminógenas que desafiam as letras do aludido regramento de proteção ao gênero feminino para lhes possibilitar os acompanhamentos psicológico e assistencial, bem como sua inserção em casas-abrigos.

Nas casas-abrigos, nos termos do art. 35, inciso II, da Lei Maria da Penha, é feito o acolhimento da mulher e de seus dependentes que estão em situação de risco por violência doméstica e familiar. Esse local se destina à proteção daqueles, possibilitando às vítimas e suas proles o início de uma nova vida.

Sobre esse ponto, é interessante a lembrança de Rogério Sanches Cunha e Ronaldo Batista Pinto:

> O conceito de 'casa-abrigo' vem bem apanhado pela autora portuguesa Susana Ramos, para quem deverá ser um local onde as mulheres vítimas de violência conjugal, em situações--limite, se sintam protegidas, possibilitando o início de uma nova forma de vida, para elas e também para os filhos. Ter um lugar seguro para viver é fundamental para a obtenção do reequilíbrio físico e psicológico, constituindo um fulcral requisito para a recuperação. Para tal, é importante trabalhar a sua valorização e segurança pessoal, possibilitando às crianças uma nova noção de família, dando-lhes a conhecer outras relações que não passem pela violência. (CUNHA e PINTO, 2011, p. 164-165).

Na Lei n. 11.340/2006, o legislador traz, ainda, no art. 35, inciso III, a imposição ao Poder Público de criar delegacias, núcleos de Defensoria Pública, serviços de saúde e centros de perícia médico-legal especializados ao atendimento à mulher em situação de violência doméstica e familiar, programas e campanhas de enfrentamento da violência doméstica e centros de educação e de reabilitação para os agressores.

Particularmente, no que se refere aos núcleos defensoriais, verifica-se que a norma de proteção da mulher em destaque trouxe importante regulamentação de um direito fundamental, garantido constitucionalmente – a assistência jurídica integral e gratuita prestada pelo Estado a todos que dela necessitarem e se encontrarem na condição de vulneráveis –, verdadeira ação afirmativa. Assim, outorga, inclusive, outra camada para fortificar essa cláusula pétrea. Portanto, pode-se concluir que a Lei n. 11.340/2006 erigiu refinamento singular em termos de acessibilidade à Justiça, o que consubstancia a concretização do princípio da isonomia.

Ademais, a Lei Maria da Penha colaciona ao seu conjunto normativo (art. 35, inciso V) importante determinação para a concretização da política criminal no sentido de reinserção saudável do agressor à sociedade. Assim, o referido diploma legal mostra irresignação com os mecanismos ordinários para a ressocialização de apenados, indo, portanto, além ao determinar ao Poder Público a instituição dos centros de reeducação e de reabilitação para os agressores, os quais podem ser homens e mulheres.

Tais centros possuem importância ímpar para o controle da criminalidade no âmbito das relações domésticas e familiares contra a mulher, haja vista que têm como função reeducar os apenados na perspectiva de reabilitá-los para o convívio regular social, transformando sua visão acerca da impossibilidade de subjugação do gênero feminino, de modo a evitar o cometimento de novos tipos penais que envolvam a violência doméstica e familiar contra a mulher, bem como a ocorrência de novos traumas familiares para novas vítimas, parentes e prole.

Ademais, o Poder Público tem a obrigação de realizar programas e campanhas de enfrentamento à violência doméstica e familiar consoante dispõe o legislador no art. 35, inciso IV, da Lei Maria da Penha, haja vista que esses tipos de ações governamentais fazem parte de um projeto de políticas públicas tendentes a realizar uma metamorfose axiológica na sociedade brasileira. O que se almeja, portanto, é mudar os parâmetros comportamentais atuais para que as gerações futuras tenham um padrão de valores diverso do que se apresenta hodiernamente com relação à violência opressiva ao gênero feminino no âmbito doméstico e familiar.

Assim, analisando os termos da Lei n. 11.340/2006, observa-se a grandeza do espírito desse diploma legal, dotado de apenas quatorze anos de vigência, o que revela que essa norma cumpre importantíssimo papel para a proteção da mulher vítima da violência doméstica e familiar e para a concretização de uma metamorfose comportamental na sociedade brasileira geradora de maciça mudança no paradigma axiológico desta e da inserção de um novo padrão de valores na formação humana das futuras gerações.

> **Art. 36.** A União, os Estados, o Distrito Federal e os Municípios promoverão a adaptação de seus órgãos e de seus programas às diretrizes e aos princípios desta Lei.

No art. 36º, o legislador cuida da obrigação legal imposta aos entes federativos para que adequem suas máquinas administrativas às diretrizes e princípios da Lei Maria da Penha.

> **Art. 37.** A defesa dos interesses e direitos transindividuais previstos nesta Lei poderá ser exercida, concorrentemente, pelo Ministério Público e por associação de atuação na área, regularmente constituída há pelo menos um ano, nos termos da legislação civil.
>
> **Parágrafo único.** O requisito da pré-constituição poderá ser dispensado pelo juiz quando entender que não há outra entidade com representatividade adequada para o ajuizamento da demanda coletiva.

Já no art. 37, o legislador trata dos critérios de legitimação para os órgãos e entes que podem realizar a defesa dos interesses e direitos transindividuais previstos na Lei n. 11.340/2006.

Art. 38. As estatísticas sobre a violência doméstica e familiar contra a mulher serão incluídas nas bases de dados dos órgãos oficiais do Sistema de Justiça e Segurança a fim de subsidiar o sistema nacional de dados e informações relativo às mulheres.

Parágrafo único. As Secretarias de Segurança Pública dos Estados e do Distrito Federal poderão remeter suas informações criminais para a base de dados do Ministério da Justiça.

No art. 38, o legislador cuida da obrigação legal específica imposta à União (*caput*) e aos Estados-Membros e Distrito Federal (parágrafo único).

Art. 38-A. O juiz competente providenciará o registro da medida protetiva de urgência.

Parágrafo único. As medidas protetivas de urgência serão registradas em banco de dados mantido e regulamentado pelo Conselho Nacional de Justiça, garantido o acesso do Ministério Público, da Defensoria Pública e dos órgãos de segurança pública e de assistência social, com vistas à fiscalização e à efetividade das medidas protetivas.

No art. 38-A, o legislador enuncia o expediente a ser realizado pelo juiz competente que decretar as medidas protetivas de urgência em favor da ofendida, que consiste em registrar essas medidas em banco de dados mantido e regulamentado pelo Conselho Nacional de Justiça (CNJ), garantido o acesso do Ministério Público, da Defensoria Pública e dos órgãos de segurança pública e de assistência social a esse cadastro com vistas à fiscalização e à efetividade das medidas protetivas.

Art. 39. A União, os Estados, o Distrito Federal e os Municípios, no limite de suas competências e nos termos das respectivas leis de diretrizes orçamentárias, poderão estabelecer dotações orçamentárias específicas, em cada exercício financeiro, para a implementação das medidas estabelecidas nesta Lei.

No art. 39, o legislador cuida de poder-dever relativo a direito financeiro dos entes federativos de estabelecer dotações em seus orçamentos, em cada exercício financeiro, com o fim de implementar as medidas dispostas na mencionada lei.

> **Art. 40.** As obrigações previstas nesta Lei não excluem outras decorrentes dos princípios por ela adotados.

Nesse artigo, o legislador informa e reconhece a importância de obrigações que derivam de outras fontes normativas, mas derivam dos princípios adotados pela Lei n. 11.340/2006.

Assim, graças ao art. 40 da Lei Maria da Penha, obrigações contempladas em normativos internacionais que visem à proteção dos direitos humanos das mulheres em situação de violência doméstica e familiar, ainda que não chancelados pela República Federativa do Brasil, fazem parte do ordenamento jurídico brasileiro.

> **Art. 41.** Aos crimes praticados com violência doméstica e familiar contra a mulher, independentemente da pena prevista, não se aplica a Lei n. 9.099, de 26 de setembro de 1995.

Nesse artigo, o legislador informa que não será aplicada quaisquer disposições da Lei n. 9.099/1995, Lei dos Juizados Especiais Cíveis e Criminais, às causas criminais que envolverem a violência doméstica e familiar contra a mulher.[6,7]

> **Art. 42.** O art. 313 do Decreto-Lei n. 3.689, de 3 de outubro de 1941 (Código de Processo Penal), passa a vigorar acrescido do seguinte inciso IV:

---

6 Súmula 536 do Superior Tribunal de Justiça. A suspensão condicional do processo e a transação penal não se aplicam na hipótese de delitos sujeitos ao rito da Lei Maria da Penha.

7 De acordo com os julgamentos da ADC n. 19 e da ADI n. 4.424 no Supremo Tribunal Federal, os crimes de lesões corporais contra a mulher no âmbito da violência doméstica e familiar são processados por meio de ação penal pública incondicionada, inclusive, a lesão corporal leve.

"**Art. 313.**

IV – se o crime envolver violência doméstica e familiar contra a mulher, nos termos da lei específica, para garantir a execução das medidas protetivas de urgência." (NR)

Art. 43. A alínea f do inciso II do art. 61 do Decreto-Lei n. 2.848, de 7 de dezembro de 1940 (Código Penal), passa a vigorar com a seguinte redação:

Art. 61. (...)

II – (...)

f) com abuso de autoridade ou prevalecendo-se de relações domésticas, de coabitação ou de hospitalidade, ou com violência contra a mulher na forma da lei específica;" (NR).

Art. 44. O art. 129 do Decreto-Lei n. 2.848, de 7 de dezembro de 1940 (Código Penal), passa a vigorar com as seguintes alterações:

Art. 129. (...)

§ 9º Se a lesão for praticada contra ascendente, descendente, irmão, cônjuge ou companheiro, ou com quem conviva ou tenha convivido, ou, ainda, prevalecendo-se o agente das relações domésticas, de coabitação ou de hospitalidade:

Pena – detenção, de 3 (três) meses a 3 (três) anos.

§ 11. Na hipótese do § 9º deste artigo, a pena será aumentada de um terço se o crime for cometido contra pessoa portadora de deficiência." (NR).

Art. 45. O art. 152 da Lei n. 7.210, de 11 de julho de 1984 (Lei de Execução Penal), passa a vigorar com a seguinte redação:

Art. 152. (...)

Parágrafo único. Nos casos de violência doméstica contra a mulher, o juiz poderá determinar o comparecimento obrigatório do agressor a programas de recuperação e reeducação." (NR).

Nos artigos 42, 43, 44 e 45 da Lei n. 11.340/2006, o legislador informa as alterações feitas no Código Penal, no Código de Processo

Penal e na Lei de Execução Penal (LEP) tendo em vista a Lei Maria da Penha.

> **Art. 46.** Esta Lei entra em vigor 45 (quarenta e cinco) dias após sua publicação.

No art. 46, o legislador trata do prazo de vacatio legis para que a aludida Lei inicie sua vigência e traz norma que vai ao encontro do art. 1º, *caput*, do Decreto-Lei n. 4.657/1942 (Lei de Introdução às Normas do Direito Brasileiro).

ANEXO I – ENUNCIADOS DO FÓRUM NACIONAL DE JUÍZAS E JUÍZES DE VIOLÊNCIA DOMÉSTICA E FAMILIAR CONTRA A MULHER (FONAVID), ATUALIZADOS ATÉ O X FONAVID, REALIZADO EM RECIFE/PE, ENTRE 12 E 15 DE NOVEMBRO DE 2018

ENUNCIADO 1: Para incidência da Lei Maria da Penha, não importa o período de relacionamento entre vítima e agressor (a), nem o tempo decorrido desde o seu rompimento, bastando que reste comprovado que a violência decorreu da relação de afeto.

ENUNCIADO 2: Inexistindo coabitação ou vínculo de afeto entre agressor e ofendida, deve ser observado o limite de parentesco estabelecido pelos arts. 1.591 a 1.595 do Código Civil, quando a invocação da proteção conferida pela Lei n. 11.340/06 decorrer exclusivamente das relações de parentesco.

ENUNCIADO 3: A competência cível dos Juizados de Violência Doméstica e Familiar contra a Mulher é restrita às medidas protetivas de urgência previstas na Lei Maria da Penha, devendo as ações cíveis e as de Direito de Família ser processadas e julgadas pelas varas cíveis e de família, respectivamente.

ENUNCIADO 4: A audiência prevista no art. 16 da Lei n. 11.340/06 é cabível, mas não obrigatória, somente nos casos de ação penal pública condicionada à representação, independentemente de prévia retratação da vítima.

ENUNCIADO 5: A competência dos Juizados de Violência Doméstica e Familiar contra a Mulher está condicionada à existência de notícia-crime ou representação criminal da vítima. (REVOGADO no VIII FONAVID-BH).

ENUNCIADO 6: A Lei n. 11.340/06 não obsta a aplicação das penas substitutivas previstas no Código Penal, vedada a aplicação de penas de prestação pecuniária ou pagamento isolado de multa.

ENUNCIADO 7: O *sursis*, de que trata o art. 77 do Código Penal, é aplicável aos crimes regidos pela Lei n. 11.340/06, quando presentes os requisitos.

ENUNCIADO 8: O art. 41 da Lei n. 11.340/06 não se aplica às contravenções penais. (REVOGADO no VI FONAVID - MS).

ENUNCIADO 9: A notificação/intimação da vítima acerca da concessão de soltura do agressor pode ser feita por qualquer meio de comunicação (ALTERADO no VIII FONAVID-BH).

ENUNCIADO 9: A notificação/intimação da vítima acerca da concessão de soltura do agressor e/ou de qualquer ato processual, pode ser feita por WhatsApp ou similar, quando houver seu consentimento expresso, manifestado em sede inquisitorial ou judicial, por escrito ou reduzido a termo, mediante certidão nos autos por servidor público (ALTERADO no IX FONAVID - Natal).

ENUNCIADO 10: A Lei n. 11.340/06 não impede a aplicação da suspensão condicional do processo, nos casos em que couber. (REVOGADO no VI FONAVID - MS).

ENUNCIADO 11: Poderá ser fixada multa pecuniária, a fim de assegurar a eficácia das medidas protetivas de urgência, sem prejuízo da configuração do crime previsto no art. 24-A da Lei n. 11.340/06. (ALTERADO no XI FONAVID - São Paulo).

ENUNCIADO 12: Em caso de absolvição do réu ou de extinção da punibilidade do agressor, cessará o interesse de agir, em sede de medidas protetivas de urgência (REVOGADO no VI FONAVID - MS).

ENUNCIADO 13: Poderá a Equipe Multidisciplinar do juízo proceder ao encaminhamento da vítima, do agressor e do núcleo familiar e doméstico envolvido, à rede social, independentemente de decisão judicial.

ENUNCIADO 14: Os Tribunais de Justiça deverão obrigatoriamente prover, capacitar e fortalecer os juízos com competência para processar e julgar os processos de violência doméstica e familiar contra a mulher, de Equipe Multidisciplinar exclusiva, com quantidade de profissionais dimensionada de acordo com o Manual de Rotinas e Estruturação de Juizados de Violência Doméstica e Familiar contra a Mulher do CNJ.

ENUNCIADO 15: A Equipe Multidisciplinar poderá elaborar documentos técnicos solicitados pelo Ministério Público ou Defensoria Pública, mediante autorização do Poder Judiciário.

ENUNCIADO 16: Constitui atribuição da Equipe Multidisciplinar conhecer e contribuir com a articulação, mobilização e fortalecimento da rede de serviços de atenção às mulheres, homens, crianças e adolescentes envolvidos nos processos que versam sobre violência doméstica e familiar contra a mulher.

ENUNCIADO 17: O art. 274 do Código de Processo Civil é aplicável ao incidente de concessão de medida protetiva.

ENUNCIADO 18: A concessão de novas medidas protetivas, ou a substituição daquelas já concedidas, não se sujeita à oitiva prévia do Ministério Público.

ENUNCIADO 19: O não-comparecimento (sic) da vítima à audiência prevista no art. 16 da Lei n. 11.340/06 tem como consequência o prosseguimento do feito.

ENUNCIADO 20: A conduta da vítima de comparecer à unidade policial para lavratura de boletim de ocorrência deve ser considerada como representação, ensejando a instauração de inquérito policial.

ENUNCIADO 21: A competência para apreciar os recursos contra as decisões proferidas pelos Juizados de Violência Doméstica e Familiar contra a Mulher é dos Tribunais de Justiça, independentemente da pena.

ENUNCIADO 22: A decretação da prisão preventiva, ainda que decorrente da conversão da prisão em flagrante, independe de prévia manifestação do Ministério Público.

ENUNCIADO 23: A mediação pode funcionar como instrumento de gestão de conflitos familiares subjacentes aos procedimentos e processos que envolvam violência doméstica.

ENUNCIADO 24: A competência do Juizado da Violência Doméstica e Familiar contra a Mulher restringe-se aos delitos cometidos em razão do gênero, na forma dos arts. 5º e 7º da Lei Maria da Penha, não sendo suficiente que a vítima seja do sexo feminino.

ENUNCIADO 25: As normas de tutela de direitos humanos da vítima do sexo feminino, previstas na Lei Maria da Penha, não se restringem aos Juizados de Violência Doméstica e Familiar contra a Mulher.

ENUNCIADO 26: O juiz, a título de medida protetiva de urgência, poderá determinar o comparecimento obrigatório do agressor para atendimento psicossocial e pedagógico, como prática de enfrentamento à violência doméstica e familiar contra a mulher. (Aprovado no IV FONAVID).

ENUNCIADO 27: O descumprimento das medidas protetivas de urgência previstas na Lei n. 11.340/2006 configura prática do crime de desobediência previsto no art. 330 do Código Penal, a ser apurado independentemente da prisão preventiva decretada. (REVOGADO no VII FONAVID).

ENUNCIADO 28: A competência para processar e julgar o crime decorrente do descumprimento das medidas protetivas é dos Juizados e Varas de Violência Doméstica e Familiar contra a Mulher e, onde não houver, das Varas Criminais com competência para julgar os casos afetos à Lei n. 11.340/2006. (Revogado no IX FONAVID - Natal).

ENUNCIADO 29: É possível a prisão cautelar do agressor independentemente de concessão ou descumprimento de medida protetiva, a fim de assegurar a integridade física e/ou psicológica da ofendida.

ENUNCIADO 30: O juiz, a título de medida protetiva de urgência, poderá determinar a inclusão do agressor dependente de álcool e/ou outras drogas, em programa de tratamento, facultada a oitiva da Equipe Multidisciplinar.

ENUNCIADO 31: As medidas protetivas de urgência, previstas na Lei Maria da Penha, são aplicáveis nas Varas do Tribunal do Júri. (ALTERADO no XI FONAVID - São Paulo).

ENUNCIADO 32: As vítimas de crime de feminicídio e seus familiares devem contar com a assistência jurídica gratuita, devendo o(a) Juiz(a) designar defensor(a) público(a) ou advogado(a) dativo(a) para atuar em sua defesa nos processos de competência do Tribunal do Júri, exceto se estiverem assistidos por advogado ou defensor público.

ENUNCIADO 33: O juízo que receber requerimento de medidas cautelares e/ou protetivas poderá apreciá-las e deferi-las, com precedência ao juízo sobre sua competência, que poderá ratificar ou não o deferimento, após distribuição e recebimento. (ALTERADO no XI FONAVID - São Paulo).

ENUNCIADO 34: As medidas protetivas de urgência deverão ser autuadas em segredo de justiça, com base no art. 189, II e III, do Código de Processo Civil.

ENUNCIADO 35: O juízo de violência doméstica e familiar contra a mulher não é competente para a execução de alimentos fixados em medidas protetivas de urgência.

ENUNCIADO 36: Poderá ser utilizado mecanismo compulsório de controle eletrônico em desfavor do agressor para garantia do cumprimento das medidas protetivas de urgência.

ENUNCIADO 37: A concessão da medida protetiva de urgência não está condicionada à existência de fato que configure, em tese, ilícito penal.

ENUNCIADO 38: Quando da audiência de custódia, em sendo deferida a liberdade provisória ao agressor, o(a) juiz(a) deverá avaliar a hipótese de deferimento das medidas protetivas de urgência previstas na Lei n. 11.340/06. A vítima deve ser notificada dos atos processuais relativos ao agressor, especialmente dos pertinentes ao ingresso e à saída da prisão, por qualquer meio de comunicação, sem prejuízo da intimação do seu advogado ou do defensor público, nos termos do art. 21 da Lei n. 11.340/06.

ENUNCIADO 39: A qualificadora do feminicídio, nos termos do art. 121, § 2º A, I, do Código Penal, é objetiva, uma vez que o conceito de violência doméstica é aquele do art. 5º da Lei n. 11.340/06, prescindindo de qualquer valoração específica.

ENUNCIADO 40: Em sendo o autor da violência menor de idade, a competência para analisar o pedido de medidas protetivas previstas na Lei n. 11.340/06 é do Juízo da Infância e da Juventude.

ENUNCIADO 41: A vítima pode ser conduzida coercitivamente para audiência de instrução criminal, na hipótese do artigo 201, parágrafo 1º do CPP. (ALTERADO no XI FONAVID – São Paulo).

ENUNCIADO 42: É cabível a intimação com hora certa de medidas protetivas de urgência, em analogia à citação com hora certa (art. 362 do CPP e art. 227 do CPC). (APROVADO no IX FONAVID - Natal).

ENUNCIADO 43: Esgotadas todas as possibilidades de intimação pessoal, será cabível a intimação por edital das decisões de medidas protetivas de urgência. (APROVADO no IX FONAVID - Natal).

ENUNCIADO 44: A audiência de justificação/multidisciplinar/acolhimento é facultativa e poderá ser designada pelo Juiz para promoção de encaminhamentos à rede de apoio de vítimas, agressores e familiares ao programa mais adequado, podendo ser subsidiado por equipe multidisciplinar quando existente (arts. 19, 29, 30 e 31 da Lei n. 11.340/06). (APROVADO no IX FONAVID - Natal).

ENUNCIADO 45: As medidas protetivas de urgência previstas na Lei n. 11.340/2006 podem ser deferidas de forma autônoma, apenas com base na palavra da vítima, quando ausentes outros elementos probantes nos autos. (APROVADO no IX FONAVID - Natal).

ENUNCIADO 46: A Lei Maria da Penha se aplica às mulheres trans, independentemente de alteração registral do nome e de cirurgia de redesignação sexual, sempre que configuradas as hipóteses do artigo 5º da Lei n. 11.340/2006. (APROVADO no IX FONAVID - Natal).

ENUNCIADO 47: A plenitude da defesa no júri deve se conformar ao disposto no art. 7º, "e", da Convenção Interamericana para Prevenir, Punir e Erradicar a Violência contra a Mulher ("Convenção de Belém do Pará") e ao disposto no capítulo IX, itens 9.1.2 e 9.1.3, das Diretrizes Nacionais para Investigar, Processar e Julgar com perspectiva de gênero as mortes violentas de mulheres - Feminicídio, sendo recomendável ao(à) Juiz(a) Presidente considerar como excesso de linguagem argumentos violentos ofensivos à dignidade da mulher por questão de gênero, devendo intervir nos termos do art. 497, III, do CPP e art. 10-A da Lei n. 11.340/06. (APROVADO no X FONAVID - Recife).

ENUNCIADO 48: A competência para processar e julgar o crime de descumprimento de medidas protetivas de urgência previsto no art. 24-A da Lei Maria da Penha é dos Juizados de Violência

Doméstica e Familiar contra a Mulher e, onde não houver, das Varas Criminais com competência cumulativa para processar e julgar as causas decorrentes da prática de violência doméstica e familiar contra a mulher. (APROVADO no X FONAVID - Recife).

ENUNCIADO 49: Deve ser mensurada, para fins estatísticos, a participação de autores de violência doméstica nos grupos reflexivos, bem como a sua efetividade, esta por meio da análise de seu retorno ou não ao sistema de justiça da violência doméstica e familiar contra a mulher nos dois anos seguintes à conclusão integral no respectivo grupo, por analogia ao que dispõe o art. 94 do Código Penal. (APROVADO no X FONAVID - Recife).

ENUNCIADO 50: Deve ser respeitada a vontade da vítima de não se expressar durante seu depoimento em juízo, após devidamente informada dos seus direitos. (APROVADO no XI FONAVID - São Paulo).

ENUNCIADO 51: O art. 20 da LMP não foi revogado tacitamente pelas modificações do CPP, ante o princípio da especialidade. (APROVADO no XI FONAVID - São Paulo).

ENUNCIADO 52: Compete ao(a) juiz(a) de cada Comarca, podendo contar com o apoio da respectiva Coordenadoria da Violência Doméstica, articular a rede de proteção e de atendimento à mulher em situação de violência doméstica e familiar, independentemente da existência de processo judicial, visando à implementação do Formulário Nacional de Avaliação de Risco, nos termos da Resolução n. 284/19 do CNJ. (APROVADO no XI FONAVID - São Paulo).

ENUNCIADO 53: Compete ao(a) Juiz(a) de cada Comarca, com o apoio da respectiva Coordenadoria da Violência Doméstica, articular a rede de proteção e de atendimento à mulher em situação de violência doméstica visando à capacitação em direitos humanos, com perspectiva de gênero, para a aplicação do Formulário Nacional de Avaliação de Risco do CNJ. (APROVADO no XI FONAVID - São Paulo).

ENUNCIADO 54: As Medidas Protetivas de Urgência deverão ser analisadas independentemente do preenchimento do Formulário

Nacional de Avaliação de Risco, o qual deverá ser aplicado, preferencialmente, pela Polícia Civil, no momento do registro da ocorrência policial, visando à celeridade dos encaminhamentos da vítima para a rede de proteção. (APROVADO no XI FONAVID - São Paulo).

ENUNCIADO 55: Em caso de não aplicação do Formulário Nacional de Avaliação de Risco pela Polícia Civil no momento do registro da ocorrência policial, a aplicação será realizada pela equipe técnica de atendimento multidisciplinar ou servidor capacitado do juízo preferencialmente antes de qualquer audiência. (APROVADO no XI FONAVID - São Paulo).

ENUNCIADO 56: O compartilhamento do Formulário Nacional de Avaliação de Risco para fins de encaminhamento à rede de atendimento é facultativo e será realizado a critério do profissional, por meio eletrônico institucional ou, na impossibilidade, por meio de malote/expediente institucional, preservado o sigilo das informações. (APROVADO no XI FONAVID - São Paulo).

ANEXO 2 – SÚMULAS SOBRE A LEI MARIA DA PENHA

Súmula 536 do Superior Tribunal de Justiça. A suspensão condicional do processo e a transação penal não se aplicam na hipótese de delitos sujeitos ao rito da Lei Maria da Penha. (Súmula 536, TERCEIRA SEÇÃO, julgado em 10/06/2015, DJe 15/06/2015).

Súmula 542 do Superior Tribunal de Justiça. A ação penal relativa ao crime de lesão corporal resultante de violência doméstica contra a mulher é pública incondicionada (Súmula 542, TERCEIRA SEÇÃO, julgado em 26/08/2015, DJe 31/08/2015).

Súmula 588 do Superior Tribunal de Justiça. A prática de crime ou contravenção penal contra a mulher com violência ou grave ameaça no ambiente doméstico impossibilita a substituição da pena privativa de liberdade por restritiva de direitos. (Súmula 588, TERCEIRA SEÇÃO, julgado em 13/09/2017, DJe 18/09/2017).

Súmula 589 do Superior Tribunal de Justiça. É inaplicável o princípio da insignificância nos crimes ou contravenções penais praticados contra a mulher no **âmbito** das relações domésticas. (Súmula 589, TERCEIRA SEÇÃO, julgado em 13/09/2017, DJe 18/09/2017).

Súmula 600 do Superior Tribunal de Justiça. Para a configuração da violência doméstica e familiar prevista no artigo 5º da Lei n. 11.340/2006 (Lei Maria da Penha) não se exige a coabitação entre autor e vítima. (Súmula 600, TERCEIRA SEÇÃO, julgado em 22/11/2017, DJe 27/11/2017).

Súmula 114 do Tribunal de Justiça de São Paulo. Para efeito de fixação de competência, em face da aplicação da Lei n. 11.340/06 (Lei Maria da Penha), tanto o homem quanto a mulher podem ser sujeito ativo da violência, figurando como sujeito passivo apenas a mulher, sempre que fique caracterizado o vínculo de relação doméstica, familiar ou de afetividade, além da convivência íntima, com ou sem coabitação, e desde que a violência seja baseada no gênero, com a ocorrência de opressão, dominação e submissão da mulher em relação ao agressor.

ANEXO 3 – CONVENÇÃO INTERAMERICANA PARA PREVENIR, PUNIR E ERRADICAR A VIOLÊNCIA CONTRA A MULHER, "CONVENÇÃO DE BELÉM DO PARÁ"

(Adotada em Belém do Pará, Brasil, em 9 de junho de 1994, no Vigésimo Quarto Período Ordinário de Sessões da Assembléia (sic) Geral)

OS ESTADOS PARTES NESTA CONVENÇÃO,

RECONHECENDO que o respeito irrestrito aos direitos humanos foi consagrado na Declaração Americana dos Direitos e Deveres do Homem e na Declaração Universal dos Direitos Humanos e reafirmado em outros instrumentos internacionais e regionais;

AFIRMANDO que a violência contra a mulher constitui violação dos direitos humanos e liberdades fundamentais e limita total ou parcialmente a observância, gozo e exercício de tais direitos e liberdades;

PREOCUPADOS por que a violência contra a mulher constitui ofensa contra a dignidade humana e é manifestação das relações de poder historicamente desiguais entre mulheres e homens;

RECORDANDO a Declaração para a Erradicação da Violência contra a Mulher, aprovada na Vigésima Quinta Assembléia (sic) de Delegadas da Comissão Interamericana de Mulheres, e afirmando que a violência contra a mulher permeia todos os setores da sociedade, independentemente de classe, raça ou grupo étnico, renda, cultura, nível educacional, idade ou religião, e afeta negativamente suas próprias bases;

CONVENCIDOS de que a eliminação da violência contra a mulher é condição indispensável para seu desenvolvimento individual e social e sua plena e igualitária participação em todas as esferas de vida; e

CONVENCIDOS de que a adoção de uma convenção para prevenir, punir e erradicar todas as formas de violência contra a mulher, no âmbito da Organização dos Estados Americanos, constitui positiva contribuição no sentido de proteger os direitos da mulher e eliminar as situações de violência contra ela,

CONVIERAM no seguinte:

CAPÍTULO I
DEFINIÇÃO E ÂMBITO DE APLICAÇÃO

Artigo 1

Para os efeitos desta Convenção, entender-se-á por violência contra a mulher qualquer ato ou conduta baseada no gênero, que cause morte, dano ou sofrimento físico, sexual ou psicológico à mulher, tanto na esfera pública como na esfera privada.

Artigo 2

Entende-se que a violência contra a mulher abrange a violência física, sexual e psicológica:

a. ocorrida no âmbito da família ou unidade doméstica ou em qualquer relação interpessoal, quer o agressor compartilhe, tenha compartilhado ou não a sua residência, incluindo-se, entre outras formas, o estupro, maus-tratos e abuso sexual;

b. ocorrida na comunidade e cometida por qualquer pessoa, incluindo, entre outras formas, o estupro, abuso sexual, tortura, tráfico de mulheres, prostituição forçada, seqüestro (sic) e assédio sexual no local de trabalho, bem como em instituições educacionais, serviços de saúde ou qualquer outro local; e

c. perpetrada ou tolerada pelo Estado ou seus agentes, onde quer que ocorra.

CAPÍTULO II
DIREITOS PROTEGIDOS

Artigo 3

Toda mulher tem direito a ser livre de violência, tanto na esfera pública como na esfera privada.

Artigo 4

Toda mulher tem direito ao reconhecimento, desfrute, exercício e proteção de todos os direitos humanos e liberdades consagrados em todos os instrumentos regionais e internacionais relativos aos direitos humanos. Estes direitos abrangem, entre outros:

a. direito a que se respeite sua vida;

b. direito a que se respeite sua integridade física, mental e moral;

c. direito à liberdade e à segurança pessoais;

d. direito a não ser submetida a (sic) tortura;

e. direito a que se respeite a dignidade inerente à sua pessoa e a que se proteja sua família;

f. direito a igual proteção perante a lei e da lei;

g. direito a recurso simples e rápido perante tribunal competente que a proteja contra atos que violem seus direitos;

h. direito de livre associação;

i. direito à liberdade de professar a própria religião e as próprias crenças, de acordo com a lei; e

j. direito a ter igualdade de acesso às funções públicas de seu país e a participar nos assuntos públicos, inclusive na tomada de decisões.

Artigo 5

Toda mulher poderá exercer livre e plenamente seus direitos civis, políticos, econômicos, sociais e culturais e contará com a total proteção desses direitos consagrados nos instrumentos regionais e internacionais sobre direitos humanos. Os Estados Partes reconhecem que a violência contra a mulher impede e anula o exercício desses direitos.

Artigo 6

O direito de toda mulher a ser livre de violência abrange, entre outros:

a. o direito da mulher a ser livre de todas as formas de discriminação; e

b. o direito da mulher a ser valorizada e educada livre de padrões estereotipados de comportamento e costumes sociais e culturais baseados em conceitos de inferioridade ou subordinação.

CAPÍTULO III
DEVERES DOS ESTADOS

Artigo 7

Os Estados Partes condenam todas as formas de violência contra a mulher e convêm em adotar, por todos os meios apropriados e sem demora, políticas destinadas a prevenir, punir e erradicar tal violência e a empenhar-se em:

a. abster-se de qualquer ato ou prática de violência contra a mulher e velar por que as autoridades, seus funcionários e pessoal, bem como agentes e instituições públicos ajam de conformidade com essa obrigação;

b. agir com o devido zelo para prevenir, investigar e punir a violência contra a mulher;

c. incorporar na sua legislação interna normas penais, civis, administrativas e de outra natureza, que sejam necessárias para prevenir, punir e erradicar a violência contra a mulher, bem como adotar as medidas administrativas adequadas que forem aplicáveis;

d. adotar medidas jurídicas que exijam do agressor que se abstenha de perseguir, intimidar e ameaçar a mulher ou de fazer uso de qualquer método que danifique ou ponha em perigo sua vida ou integridade ou danifique sua propriedade;

e. tomar todas as medidas adequadas, inclusive legislativas, para modificar ou abolir leis e regulamentos vigentes ou modificar práticas jurídicas ou consuetudinárias que respaldem a persistência e a tolerância da violência contra a mulher;

f. estabelecer procedimentos jurídicos justos e eficazes para a mulher sujeitada a (sic) violência, inclusive, entre outros, medidas de proteção, juízo oportuno e efetivo acesso a tais processos;

g. estabelecer mecanismos judiciais e administrativos necessários para assegurar que a mulher sujeitada a (sic) violência tenha efetivo acesso a (sic) restituição, reparação do dano e outros meios de compensação justos e eficazes;

h. adotar as medidas legislativas ou de outra natureza necessárias à vigência desta Convenção.

Artigo 8

Os Estados Partes convêm em adotar, progressivamente, medidas específicas, inclusive programas destinados a:

a. promover o conhecimento e a observância do direito da mulher a uma vida livre de violência e o direito da mulher a que se respeitem e protejam seus direitos humanos;

b. modificar os padrões sociais e culturais de conduta de homens e mulheres, inclusive a formulação de programas formais e não formais adequados a todos os níveis do processo educacional, a fim de combater preconceitos e costumes e todas as outras práticas baseadas na premissa da inferioridade ou superioridade de qualquer dos gêneros ou nos papéis estereotipados para o homem e a mulher, que legitimem ou exacerbem a violência contra a mulher;

c. promover a educação e treinamento de todo o pessoal judiciário e policial e demais funcionários responsáveis pela aplicação da lei, bem como do pessoal encarregado da implementação de políticas de prevenção, punição e erradicação da violência contra a mulher;

d. prestar serviços especializados apropriados à mulher sujeitada a (sic) violência, por intermédio de entidades dos setores público e privado, inclusive abrigos, serviços de orientação familiar, quando for o caso, e atendimento e custódia dos menores afetados;

e. promover e apoiar programas de educação governamentais e privados, destinados a conscientizar o público para os problemas da violência contra a mulher, recursos jurídicos e reparação relacionados com essa violência;

f. proporcionar à mulher sujeitada a (sic) violência acesso a programas eficazes de reabilitação e treinamento que lhe permitam participar plenamente da vida pública, privada e social;

g. incentivar os meios de comunicação a que formulem diretrizes adequadas de divulgação, que contribuam para a erradicação da violência contra a mulher em todas as suas formas e enalteçam o respeito pela dignidade da mulher;

h. assegurar a pesquisa e coleta de estatísticas e outras informações relevantes concernentes às causas, conseqüências (sic) e freqüência (sic) da violência contra a mulher, a fim de avaliar a eficiência das medidas tomadas para prevenir, punir e erradicar a violência contra a mulher, bem como formular e implementar as mudanças necessárias; e

i. promover a cooperação internacional para o intercâmbio de idéias (sic) e experiências, bem como a execução de programas destinados à proteção da mulher sujeitada a (sic) violência.

Artigo 9

Para a adoção das medidas a que se refere este capítulo, os Estados Partes levarão especialmente em conta a situação da mulher vulnerável a (sic) violência por sua raça, origem étnica ou condição de migrante, de refugiada ou de deslocada, entre outros motivos. Também será considerada sujeitada a (sic) violência a gestante, deficiente, menor, idosa ou em situação sócio-econômica (sic) desfavorável, afetada por situações de conflito armado ou de privação da liberdade.

CAPÍTULO IV
MECANISMOS INTERAMERICANOS DE PROTEÇÃO

Artigo 10

A fim de proteger o direito de toda mulher a uma vida livre de violência, os Estados Partes deverão incluir nos relatórios nacionais à Comissão Interamericana de Mulheres informações sobre as medidas adotadas para prevenir e erradicar a violência contra a mulher, para prestar assistência à mulher afetada pela violência, bem como sobre as dificuldades que observarem na aplicação das mesmas e os fatores que contribuam para a violência contra a mulher.

Artigo 11

Os Estados Partes nesta Convenção e a Comissão Interamericana de Mulheres poderão solicitar à Corte Interamericana de Direitos Humanos parecer sobre a interpretação desta Convenção.

Artigo 12

Qualquer pessoa ou grupo de pessoas, ou qualquer entidade não-governamental (sic) juridicamente reconhecida em um ou mais Estados-Membros da Organização, poderá apresentar à Comissão Interamericana de Direitos Humanos petições referentes a denúncias ou queixas de violação do artigo 7 desta Convenção por um Estado-arte, devendo a Comissão considerar tais petições de acordo com as normas e procedimentos estabelecidos na Convenção Americana sobre Direitos Humanos e no Estatuto e Regulamento da Comissão Interamericana de Direitos Humanos, para a apresentação e consideração de petições.

CAPÍTULO V
DISPOSIÇÕES GERAIS

Artigo 13

Nenhuma das disposições desta Convenção poderá ser interpretada no sentido de restringir ou limitar a legislação interna dos Estados-Partes que ofereça proteções e garantias iguais ou maiores para os direitos da mulher, bem como salvaguardas para prevenir e erradicar a violência contra a mulher.

Artigo 14

Nenhuma das disposições desta Convenção poderá ser interpretada no sentido de restringir ou limitar as da Convenção Americana sobre Direitos Humanos ou de qualquer outra convenção internacional que ofereça proteção igual ou maior nesta matéria.

Artigo 15

Esta Convenção fica aberta à assinatura de todos os Estados-Membros da Organização dos Estados Americanos.

Artigo 16

Esta Convenção está sujeita a (sic) ratificação. Os instrumentos de ratificação serão depositados na Secretaria-Geral da Organização dos Estados Americanos.

Artigo 17

Esta Convenção fica aberta à adesão de qualquer outro Estado. Os instrumentos de adesão serão depositados na Secretaria-Geral da Organização dos Estados Americanos.

Artigo 18

Os Estados poderão formular reservas a esta Convenção no momento de aprová-la, assiná-la, ratificá-la ou a ela aderir, desde que tais reservas:

a. não sejam incompatíveis com o objetivo e propósito da Convenção;

b. não sejam de caráter geral e se refiram especificamente a uma ou mais de suas disposições.

Artigo 19

Qualquer Estado-Parte poderá apresentar à Assembléia (sic) Geral, por intermédio da Comissão Interamericana de Mulheres, propostas de emenda a esta Convenção.

As emendas entrarão em vigor para os Estados ratificantes das mesmas na data em que dois terços dos Estados-Partes tenham depositado seus respectivos instrumentos de ratificação. Para os demais Estados Partes, entrarão em vigor na data em que depositarem seus respectivos instrumentos de ratificação.

Artigo 20

Os Estados Partes que tenham duas ou mais unidades territoriais em que vigorem sistemas jurídicos diferentes relacionados com as questões de que trata esta Convenção poderão declarar, no momento de assiná-la, de ratificá-la ou de a ela aderir, que a Convenção se aplicará a todas às suas unidades territoriais ou somente a uma ou mais delas.

Tal declaração poderá ser modificada, em qualquer momento, mediante declarações ulteriores, que indicarão expressamente a unidade ou as unidades territoriais a que se aplicará esta Convenção. Essas declarações ulteriores serão transmitidas à Secretaria-Geral da Organização dos Estados Americanos e entrarão em vigor trinta dias depois de recebidas.

Artigo 21

Esta Convenção entrará em vigor no trigésimo dia a partir da data em que for depositado o segundo instrumento de ratificação. Para cada Estado que ratificar a Convenção ou a ela aderir após haver sido depositado o segundo instrumento de ratificação, entrará em vigor no trigésimo dia a partir da data em que esse Estado houver depositado seu instrumento de ratificação ou adesão.

Artigo 22

O Secretário-Geral informará a todos os Estados-Membros da Organização dos Estados Americanos a entrada em vigor da Convenção.

Artigo 23

O Secretário-Geral da Organização dos Estados Americanos apresentará um relatório anual aos Estados-Membros da Organização sobre a situação desta Convenção, inclusive sobre as assinaturas e depósitos de instrumentos de ratificação, adesão e declaração, bem como sobre as reservas que os Estados Partes tiverem apresentado e, conforme o caso, um relatório sobre as mesmas.

Artigo 24

Esta Convenção vigorará por prazo indefinido, mas qualquer Estado Parte poderá denunciá-la mediante o depósito na Secretaria-Geral da Organização dos Estados Americanos de instrumento que tenha essa finalidade. Um ano após a data do depósito do instrumento de denúncia, cessarão os efeitos da Convenção para o Estado denunciante, mas subsistirão para os demais Estados Partes.

Artigo 25

O instrumento original desta Convenção, cujos textos em português, espanhol, francês e inglês são igualmente autênticos, será depositado na Secretaria-Geral da Organização dos Estados

Americanos, que enviará cópia autenticada de seu texto ao Secretariado das Nações Unidas para registro e publicação, de acordo com o artigo 102 da Carta das Nações Unidas.

EM FÉ DO QUE os plenipotenciários infra-assinados, devidamente autorizados por seus respectivos governos, assinam esta Convenção, que se denominará Convenção Interamericana para Prevenir, Punir e Erradicar a Violência contra a Mulher, "Convenção de Belém do Pará".

EXPEDIDA NA CIDADE DE BELÉM DO PARÁ, BRASIL, no dia nove de junho de mil novecentos e noventa e quatro.

REFERÊNCIAS

AVENA, Noberto. *Processo Penal Esquematizado.* 1. ed. São Paulo: Método, 2009.

BIANCHINI, Alice. *Lei Maria da Penha - Lei n. 11.340/2006*: aspectos assistenciais, protetivos e criminais da violência de gênero. 2. ed. São Paulo: Saraiva, 2014.

BONAVIDES, Paulo. *Curso de direito constitucional.* 14. ed. São Paulo: Malheiros, 2004.

CAPEZ, Fernando. *Curso de processo penal.* 11. ed. São Paulo: Saraiva, 2004.

CASTILHO, Ricardo. *Direitos humanos* - Sinopses Jurídicas. v. 30. São Paulo: Saraiva, 2011.

CINTRA, Antonio Carlos de Araújo; GRINOVER, Ada Pelegrini; DINAMARCO, Candido Rangel. *Teoria geral do processo.* 21. ed. São Paulo: Malheiros, 2005.

CUNHA, Rogério Sanches; PINTO, Ronaldo Batista. *Violência doméstica*: Lei Maria da Penha comentada artigo por artigo. 3. ed. São Paulo: RT, 2011.

DIAS, Maria Berenice. *A Lei Maria da Penha na Justiça* - A efetividade da Lei 11.340/2006 de combate à violência doméstica e familiar contra a mulher. 3. ed. 3ª Tiragem. São Paulo: Revista dos Tribunais, 2014.

DIAS DE CARVALHO, João Paulo Oliveira. Lei Maria da Penha: um novo paradigma. *Revista Jurídica Consulex.* Brasília: Consulex, ano XVII, n. 404, nov. 2013.

DIAS DE CARVALHO, João Paulo Oliveira. *Manual de prática forense penal.* 2. ed. Leme: JH MIZUNO, 2014.

DIAS DE CARVALHO, João Paulo Oliveira. *Guia prático das ações.* Leme: JH MIZUNO, 2017.

DIDIER JR., Fredie. *Curso de direito processual civil.* v. 1. 17. ed. Salvador: JusPODIVM, 2015.

FALCÃO, Raimundo Bezerra. *Hermenêutica.* 1. ed. 2ª tiragem. São Paulo: Malheiros, 2000.

GONÇALVES, Marcus Vinicius Rios. *Curso de direito processual civil*. v. 3. 12. ed. São Paulo: Saraiva, 2019.

LEITE, Carlos Henrique Bezerra. *Direitos humanos*. Rio de Janeiro: Lumen Juris, 2010.

LENZA, Pedro. *Direito constitucional esquematizado*. 22. ed. São Paulo: Saraiva, 2018.

LIMA, Renato Brasileiro de. *Manual de processo penal*. 4. ed. Salvador: JusPODIVM, 2016.

LIMA, Renato Brasileiro. *Curso de processo penal*. Niterói: Impetus, 2013.

LIMA, Renato Brasileiro de. *Pacote anticrime* - Comentários à Lei n. 13.964/2019, artigo por artigo. Salvador: JusPODIVM, 2020.

MALATO, Luiz Ernane Ferreira Ribeiro. *Direitos humanos*: federalização da competência e a Amazônia. Porto Alegre: Nuria Fabris, 2012.

MARINELA, Fernanda. *Direito administrativo*. 14. ed. São Paulo: Saraiva, 2020.

MESQUITA, Eduardo Melo de. *As tutelas cautelar e antecipada*. São Paulo: Revista dos Tribunais, 2002.

MOREIRA, Milene. *Violência doméstica familiar*. Porto Alegre: Nuria Fabris, 2011.

NOVELINO, Marcelo. *Curso de direito constitucional*. 11. ed. Salvador: JusPODIVM, 2016.

NERY JR., Nelson; NERY, Rosa Maria de Andrade. *Código de Processo Civil comentado*. 19. ed. São Paulo: Revista dos Tribunais, 2020.

PISCITELLI, Tathiane. *Direito financeiro esquematizado*. 5. ed. São Paulo: Método, 2015.

PONTES DE MIRANDA, Francisco Cavalcanti. *Comentários ao Código de Processo Civil*. Rio de Janeiro: Forense, 1976. v. 12.

ROCHA, José de Albuquerque. *Teoria geral do processo*. 4. ed. São Paulo: Malheiros, 1999.

SILVA, José Afonso da. *Curso de direito constitucional positivo*. 24. ed. São Paulo: Malheiros, 2005.

SILVA, Ovídio A. Baptista. *Do processo cautelar*. 3. ed. Rio de Janeiro: Forense, 2001.

SILVA, Virgílio Afonso. *Direitos fundamentais*. 2. ed. São Paulo: Malheiros, p. 2011.

WAMBIER, Luiz Rodrigues. ALMEIDA, Flávio Renato Correia de. TALAMINI, Eduardo. *Curso avançado de processo civil*. 3. ed. São Paulo: Revista dos Tribunais, 2000. v. 3.